Pour ma nièce chérie Anaïs

Un livre à commencer par la
page 209 pour les conseils
d'urgence ...

Un livre à consulter pour mener
à bien l'éducation de ses trois
charmants bambins en n'oubliant
jamais que ...

Il est permis d'obéir

... Tout se joue avant 6 ans !
c'est le titre d'un ouvrage de Dodson
mais avec le recul de mon expérience,
c'est bien vrai.

Alors courage ! le jeu
en vaut la chandelle.

Avec toute l'affection et la
tendresse de Tata Régine
à Anu Aïsa, le 10 nov. 2010
naissance de Chloé.

Régine.

Daniel Marcelli

Il est permis d'obéir

L'obéissance n'est pas la soumission

Albin Michel

À Camille, Fanny et Noémie

INTRODUCTION

L'obéissance, une idée sans qualité

« Et maintenant tu obéis ! Tu m'écoutes ! » dit cette mère sur un ton quelque peu excédé quand son enfant s'oppose, refuse de faire ce qu'elle lui demande, semble ne pas entendre… Bref, toutes les stratégies que les jeunes enfants, typiquement entre 3 et 4 ans, utilisent abondamment pour bien marquer leur désapprobation ou, plus simplement, leur opposition. Plus grands, ils poursuivront volontiers ce « dialogue de sourds », affectant de ne pas entendre quand cela semble leur convenir, traînant des pieds ou manifestant ouvertement leur refus. Adolescents, rien ne s'arrange vraiment : les comportements d'opposition ou de refus d'obéissance se multiplient, deviennent encore plus évidents.

Quel parent n'a jamais demandé à son enfant, sur un ton plus ou moins vif, d'obéir ? Quel parent n'a jamais élevé la voix, agacé par la résistance de son rejeton ?

Une jeune mère prise dans l'instant de cette relation, exigeant de son petit garçon âgé de 2 ans et demi l'obéissance, s'interrogeait aussitôt : « Quand je lui demande ainsi d'obéir, qu'est-ce que je fais exactement ? Est-ce que je veux qu'il cède et cesse de s'opposer ? Est-ce que je veux qu'il se

9

soumette à mes commandements ? Est-ce que je veux avoir le dernier mot pour ne pas me faire déborder ? Est-ce que je souhaite qu'il comprenne la nécessité de se rendre à mes arguments pour plus tard ? » Cette mère, avertie de la phase normale d'opposition, avertie aussi des aspects positifs de cette période qui précisément permet à l'enfant de s'affirmer en disant « non », s'interrogeait avec une pointe de perplexité sur la complexité de sa demande et sur sa profonde ambivalence. Car elle était la première à reconnaître en elle un sentiment diffus de satisfaction devant cet enfant qui commençait à s'affirmer, se posait ainsi face à elle comme une « petite personne » avec laquelle il allait falloir composer. L'intérêt de cette maman devant la « personnalité » en éclosion de son jeune enfant n'était pas loin de l'emporter sur les désagréments ponctuels liés à cette opposition.

D'ailleurs, un grand nombre de parents le reconnaissent volontiers, qui, tout en récriminant quand ils évoquent ces conduites, ont sur le visage une sorte de « sourire en coin ». Ce demi-sourire semble dire : « Bien sûr, ce refus d'obéissance est pénible, mais je sais aussi que par cette conduite mon enfant construit sa personnalité. Il s'affirme face à son parent. Finalement, je ne suis pas si mécontent car cela me prouve qu'il a du caractère ! » En consultation, j'ai très souvent entendu ces propos dans la bouche de parents qui ont des enfants âgés de 2 à 3-4 ans. Hélas pour ceux-ci, quand l'enfant grandit, leur sourire disparaît ! Surtout si l'opposition, le refus d'obéissance deviennent systématiques, permanents, s'étendant à toutes les sphères de la vie de l'enfant : non seulement dans la vie familiale quotidienne mais aussi à l'école, avec les autres enfants du même âge (ce qui fait que cet enfant n'a pas de copains car ces derniers n'ont nulle envie de se soumettre à ses caprices ou exigences), dans les diverses activités qu'on lui propose (que régulièrement il refuse de poursuivre dès qu'il est confronté à la nécessité de respecter une règle ou quand surgit une difficulté exigeant patience et persévérance). Au maximum, des troubles dûment catalogués peuvent s'installer tels que les « troubles oppositionnels » ou les « troubles hyperactifs avec ou sans instabilité » dès l'âge de 6-7 ans avant que n'apparaissent vers 8-10 ans les « troubles des conduites »...

Peut-on élever un enfant sans jamais lui intimer, sur un ton plus ou moins ferme, d'obéir, de respecter une limite (« ça suffit maintenant ! »), d'arrêter de dire « non » ? Un enfant fait-il toujours ce qu'il convient de faire, sait-il spontanément s'arrêter, accepte-t-il la limite sans jamais rechigner ni insister (« encore un tour de manège, encore une histoire... ») ? En un mot, un enfant peut-il être toujours obéissant, de la naissance jusqu'à sa majorité, jusqu'à l'accession à son indépendance ou son autonomie ? La réponse est évidente pour tout parent confronté aux contraintes de l'éducation et même pour tout adulte qui accepte de prendre en compte la réalité et la quotidienneté de l'éducation d'un enfant et pas seulement des positions idéologiques, voire dogmatiques. Il est bien difficile sinon impossible de penser l'éducation des enfants sans se pencher sur la question de l'obéissance ! Pourtant, dans les débats contemporains, dans les ouvrages de réflexions ou dans les traités de pédagogie, il est rarement question de l'obéissance. Cette thématique semble même être totalement évacuée ! Au point qu'une recherche sur Google[1] en associant les deux termes « éducation et obéissance » permet d'obtenir un nombre impressionnant de références consacrées pour 95 % d'entre elles à l'éducation... canine ! Comment dresser correctement son chien pour qu'il obéisse ! Les officines et les recettes ne manquent pas. Au-delà de l'anecdote, n'y a-t-il pas là un véritable symptôme de l'éducation contemporaine : l'obéissance semble assimilée au dressage et, à ce titre, concerner les animaux plus que les humains.

Ce silence absolu sur la place de l'obéissance dans l'éducation des enfants produit un contraste d'autant plus saisissant que, dans le même temps, la question de l'autorité revient de façon lancinante dans les préoccupations éducatives et pédagogiques marquant le début de ce siècle. Autorité et obéissance appartiennent-elles à deux univers radicalement différents ? Peut-on se poser la question d'un retour à une nécessaire autorité sans s'interroger sur la place de l'obéissance dans un tel contexte ? Le fantasme secret de chaque individu ne serait-il pas celui d'une réhabilitation de l'autorité ressentie comme une nécessité incontournable pour vivre en société mais sans avoir à obéir, car l'obéissance est, elle, perçue comme une entrave à l'épanouissement de chacun, comme une menace sur la liberté individuelle, comme une exigence antidémocratique réservée au dressage des chiens ? Une autorité certes, mais sans contrepartie, sans obéissance ! Est-ce possible ?

---

1. Google, « éducation, obéissance », le 6 janvier 2008.

« Puisque l'autorité requiert toujours l'obéissance[1] », ainsi commence Hannah Arendt quand elle veut définir l'autorité, liant étroitement celle-ci à l'obéissance. Or de nos jours, il est de bon ton de s'inquiéter de la carence d'autorité, d'en appeler à un retour de l'autorité. Mais force est de constater qu'en matière d'obéissance le silence sociétal est pour le moins pesant. C'est un peu comme si chaque citoyen avait pris conscience de la nécessité de rendre à l'autorité ses lettres de noblesse, mais en même temps personne n'est véritablement disposé à obéir. L'obéissance n'est pas une valeur sociale communément partagée ! Oui à l'autorité, non à l'obéissance. Face obscure de l'autorité, l'obéissance risque vite de transformer celui qui en parle en un conservateur obtus, un réactionnaire stupide…

Cependant, est-il possible de faire l'économie d'une telle réflexion quand on aborde la question de l'éducation ? Plus généralement, peut-on élever un enfant en utilisant des méthodes totalement dévalorisées par la société dans laquelle précisément on « éduque » cet enfant ? Le moins qu'on puisse dire est que cette hypocrisie sociale emprisonne les parents et les éducateurs dans une contradiction majeure : il convient de « restaurer l'autorité », mais comment ? Faire obéir un enfant relèverait-il d'un archaïsme éducatif dépassé ? Bien mieux, la désobéissance apparaît volontiers comme un acte responsable et positif, l'expression d'une liberté citoyenne. Un

---

1. H. Arendt, *La Crise de la culture*, Gallimard, « Folio », 1972, p. 123.

quotidien national[1] titre sur une pleine page : « Apprenez à désobéir ! » et détaille par le menu un stage « où des activistes transmettent leur savoir en trois jours ». Dans l'éducation contemporaine, la désobéissance apparaît seule susceptible de libérer l'enfant du carcan d'une éducation rigide et « autoritaire » : la désobéissance est une incontestable marque de liberté citoyenne, une liberté précieuse donnée à l'enfant par une éducation non contraignante.

Pour autant, un enfant peut-il désobéir sans jamais avoir appris auparavant à obéir ? Quel sens peut avoir cette forme de désobéissance ? Ne risque-t-elle pas de conduire à une agitation vaine, à une opposition systématique, comme ces enfants qui disent « non » à tout, se contredisant d'une minute à l'autre pour finalement ne plus savoir ce qu'ils veulent vraiment.

« Puisque l'autorité requiert toujours l'obéissance... », propos rarement repris et commenté par tous les auteurs fort nombreux, philosophes, historiens, psychanalystes, sociologues, didacticiens qui dissertent sur l'autorité. Inversement, dans les échanges entre parents, dans les consultations, sur les forums internet, le questionnement sur l'obéissance est insistant. Est-il bon ou néfaste de demander aux enfants d'obéir ? Ne risque-t-on pas de les blesser, de les humilier ? Comment les faire obéir ? « Il existe quand même une catégorie de situations où on doit faire obéir son enfant, les moments où on n'a pas le choix, ma fille de 2 ans et demi est en pleine phase d'opposition... » « L'obéissance est peut-être un concept

---

1. *Le Monde*, 7-8 octobre 2007, p. 16.

péjoratif, voire nuisible, mais, personnellement, je veux aussi éviter que ma fille se sente toute-puissante, car à l'âge qu'elle a son argument suprême c'est "j'ai envie" ou "j'ai pas envie[1]" ! » Cet écart entre l'abondance des écrits autorisés concernant l'autorité et la relative rareté d'une réflexion de fond concernant l'obéissance peut prendre le sens d'un symptôme, celui du refoulement d'une part disqualifiée, honteuse, peut-être nocive, comme le craint cette mère. Mais alors, comment faire si l'on doit considérer qu'autorité et obéissance sont nécessairement liées ? Peut-on imaginer une autorité sans obéissance ? Si l'autorité doit être soigneusement distinguée du pouvoir, comme nous y invite Hannah Arendt, qu'en est-il de l'obéissance ? Le pouvoir exige la soumission, l'autorité réclame l'obéissance : comment parvenir à distinguer obéissance et soumission quand il apparaît si difficile de distinguer entre pouvoir et autorité ?

Une chose est sûre : parler d'obéissance sans traiter de l'autorité paraît particulièrement factice et vain. Il nous faudra donc revenir à la question de l'autorité. Mais est-il possible, de nos jours, d'éviter de ressasser des thèmes déjà largement développés, est-il possible d'avoir sur l'autorité un regard neuf et novateur ?

Défi audacieux, la question de l'obéissance, comme celle de l'autorité, est incontournable dans l'éducation des enfants. La société civile se contenterait volontiers d'une pirouette pour décider que le débat est clos ! Malheureusement pour

---

1. Propos sur le site <http://cherrryplum.canalblog.com/archives/2006/08/15/2473493.html> consulté le 6 janvier 2008.

les parents comme pour tous les éducateurs, ce débat ne peut pas être aussi facilement évacué. Peut-on se contenter de dire que cette autorité éducative n'est qu'une petite forme, réduite, sans lien avec l'autorité dans la société, la « grande autorité », la seule respectable, introduisant ainsi une sorte de sanctuarisation du domaine éducatif ? Plusieurs auteurs et non des moindres, puisque Hannah Arendt est de ceux-là, optent pour cette proposition. Telle n'est pas notre position. Psychiatre d'enfants, de formation psychanalytique et humaniste, nous avons toujours considéré que les valeurs qui modèlent l'éducation des enfants représentent précisément le cœur même de la condition humaine. Les relations précoces entre un enfant et un adulte constituent un véritable laboratoire, une sorte de miroir grossissant permettant de mieux comprendre certains enjeux relationnels et codes sociaux entre adultes. Se pencher sur les conditions d'apparition de l'autorité et de l'obéissance, dans l'enfance et au cours des relations précoces, offre un angle de vue différent, apporte un décalage susceptible d'éclairer d'un jour nouveau l'énigme que l'autorité comme l'obéissance continuent de poser dans la société.

Cependant, nous sommes confrontés à une gageure, celle d'aborder à la fois la théorie et la pratique : peut-on s'intéresser aux concepts d'autorité et d'obéissance mais aussi à la réalité quotidienne à laquelle les parents, les mères comme les pères, ont à faire face ? Cette tension réflexive fait toute la richesse du « métier de parenté », ce en quoi les enfants sont aussi pour les adultes en général, les parents en particulier, une incontestable source d'enrichissement. Cet écart entre point de vue théorique et

abord pratique rend compte de l'incontestable hétérogénéité entre les chapitres de cet ouvrage, hétérogénéité que
nous revendiquons comme la marque de cette indispensable réflexivité qui s'attache à la fonction de parent, mais
aussi au rôle de l'autorité et de l'obéissance dans la
société.

1

Ce qui advient
quand il y a trop d'autorisations

L'éducation d'un enfant a connu en quelques décennies une révolution copernicienne. Jadis, le but ultime de l'éducation consistait à obtenir qu'un enfant, pour devenir adulte, se conforme aux exigences de la société dans laquelle il allait vivre. Il s'agissait en conséquence d'inculquer le plus précocement possible à cet enfant tout ce qui représentait la norme sociale en vigueur. L'expression « ça ne se fait pas » constituait un véritable sésame éducatif : tout ce qui était susceptible d'aller à l'encontre de cette conformité devait être élagué, raboté, sectionné. La négation (« ne fais pas ça... ») et plus généralement l'interdit structuraient fondamentalement l'éducation. Aujourd'hui, l'objectif est tout autre : quand ils élèvent leur enfant, le souci des parents est de permettre que celui-ci parvienne à exprimer son potentiel, son originalité, tout ce qui, dans cet enfant, fait qu'il est un être humain singulier, différent des autres. Le devoir d'épanouissement fait, en quelque sorte, autorité sur les parents, les éducateurs et plus généralement tous ceux qui sont au contact des enfants. Dans ces conditions, empêcher un enfant de « faire sa propre expérience » se trouve vite assimilé à une entrave, précisément un risque possible de nuire à ce potentiel. Aujourd'hui, le discours éducatif ambiant incite beaucoup plus les parents à laisser faire qu'à interdire (ou à contraindre et obliger). Selon les circonstances, ce « laisser faire » désigne la cuillère ou les doigts pour manger, le pot ou la couche pour la propreté, grimper sur les fauteuils, dire son mot dans la conversation des adultes, utiliser la main gauche ou droite, tenir un crayon de telle ou telle manière, etc. Au minimum les parents proposent, l'enfant dispose, au maximum ils laissent l'enfant découvrir « sa » méthode. Prenons l'exemple de la latéralité : plus aucun parent, plus aucun enseignant n'impose à l'enfant l'utilisation systématique de la main droite aux dépens de la gauche. Conséquence heureuse, on ne voit plus de « gaucher contrarié » souffrant d'une maladresse gestuelle du fait de cette imposition. Le choix naturel de la latéralité est respecté, cela est une excellente chose. Toutefois, il arrive aux spécialistes d'observer quelques situations aberrantes où un enfant semble particulièrement maladroit dans l'utilisation de sa main gauche pour écrire, tient son crayon de façon tout à fait inappropriée, ce qui induit des contractures réflexes gênantes pour écrire, des dysgraphies, etc. Il arrive ainsi qu'on laisse un enfant s'enferrer dans un choix aberrant, par exemple en prenant le crayon dans la main en miroir de son vis-à-vis (donc la main gauche pour celui qui regarde un droitier écrire ou dessiner en face de lui), ou en optant pour une main alors que la latéralisation n'est pas encore complètement homogène et fixée, ou encore en tenant le crayon de façon inappropriée obligeant à des crispations fatigantes. Très souvent, au nom d'un supposé « respect » de l'enfant, en suivant l'idée que l'enfant sait mieux que quiconque ce qui est bon pour lui, on a laissé s'installer ces habitudes motrices gênantes qui parfois créeront un véritable handicap fonctionnel ultérieur. L'autorisation conditionne l'éducation contemporaine, elle tend à devenir la norme.

Les avantages de ce style éducatif sont indéniables : dès son plus jeune âge, l'enfant acquiert un sentiment de compétence, une capacité d'affirmation de soi, une reconnaissance de son désir dans tous les secteurs de sa vie : motricité, besoins physiologiques, émotions, relations avec les autres… Les jeunes enfants développent souvent un sentiment de grande assurance avec la conviction, en grande partie justifiée, que le monde est à leur service, à leur disposition. Il suffit d'en avoir envie pour que cela advienne ! On l'a déjà dit, dans les deux premières années de la vie, beaucoup de jeunes parents font le maximum pour que leur enfant puisse réaliser tout ce qu'il cherche à faire, en particulier sur le plan moteur : attraper, explorer, grimper, etc. L'environnement est sécurisé, ce qui évite les accidents domestiques si fréquents autrefois et donne à l'enfant le sentiment ou la conviction que l'espace lui appartient ! Le bambin est encouragé, exhorté dans le moindre de ses progrès moteurs, mimiques (sourire, grimace, froncement de sourcils…) ou langagiers, chaudement félicité quand il y parvient. Le petit enfant vit dans un monde magique qu'il façonne à sa convenance, qui semble lui obéir presque au doigt et à l'œil. De nos jours, l'enfant est exhorté à faire, à se montrer dans ses compétences. Les parents se réjouissent des actes de leur enfant, de sa capacité à s'affirmer et ce dernier comprend vite

21

qu'en se manifestant de la sorte il suscite leur admiration et leur satisfaction. Désormais, c'est en faisant par lui-même, en montrant la panoplie de ses compétences qu'un enfant recueille l'assentiment des parents, là où jadis c'était plus volontiers en se soumettant à leurs interdits, en respectant leurs exigences et leur commandement. Cela n'est pas sans conséquence sur le développement ultérieur !

Les bénéfices de cet entourage attentif et bienveillant sont immenses : ils donnent au bébé, au jeune enfant un sentiment de confiance en soi, dans le monde et dans les autres, fondateur d'un narcissisme solide ; ils lui permettent d'acquérir une croyance rassurante que le monde est là pour le comprendre ; ils permettent que se développe chez cet enfant une croyance dans sa toute-puissance désirante, dans une capacité d'inventer le monde, de faire que l'objet soit là juste quand on y pense et qu'on le désire. Le narcissisme du jeune enfant y gagne en sécurité, en épanouissement, avec une incontestable capacité à s'affirmer soi-même, ce qu'on nomme de nos jours l'« assertivité ». On entend par ce terme, très en vogue dans la littérature scientifique contemporaine, la capacité de reconnaître ce qui vient de soi, ses pensées, ses désirs, ses choix, ses attitudes et comportements, de pouvoir les énoncer en présence d'autrui sans crainte ni anxiété et sans que cette énonciation entre nécessairement en conflit avec les pensées, les désirs, les choix, les attitudes ou les comportements de l'interlocuteur : « Voilà ce que je pense, voilà comment j'agis ; certes votre idée est différente, je reconnais cette différence, pour autant je conserve mon idée. » L'autre peut dire le contraire, le sujet assertif persiste tranquillement dans son affirmation sans être perturbé par cette opinion contradictoire. Dans son déploiement le plus parfait, l'assertivité idéale atteindrait une sorte d'asymptote où l'individu se définit lui-même, reconnaît la position de l'autre, mais sans que cette reconnaissance modifie son propre point de vue ni n'entraîne de conflit.

L'assertivité ou l'instance assertive[1] regroupe donc les compétences du moi en développement du jeune enfant, les exhortations et les encouragements des proches à les montrer, le plaisir pris à les mettre en action, la satisfaction du sujet comme celle des proches, les parents surtout, devant ce qui est réalisé : manger seul, monter une marche, répéter un mot, faire les marionnettes, etc. De cet exercice,

---

1. L'idéal du moi pourrait apparaître comme une instance proche, en particulier pour la préservation de ce qu'on nomme le narcissisme. Mais l'idéal du moi se dégage secondairement du surmoi et, comme cette dernière instance, il est lui aussi fortement modelé par les représentations des projections parentales sur leur enfant. L'idéal du moi, dans son essence, est profondément marqué par cette altérité. C'est précisément la différence majeure que nous voulons souligner en recourant à une expression nouvelle. À l'évidence, aussi bien l'idéal du moi que l'instance assertive ont d'étroits rapports avec la constitution du narcissisme, mais là aussi il nous semble que la chronologie n'est pas identique. L'assertivité qui s'enracine dans le fonctionnement du moi lui-même serait plus proche du « moi idéal » : le fait de reconnaître l'enfant, *dès sa naissance*, comme l'acteur principal de lui-même modifie radicalement le regard que cet enfant apprend à porter sur lui. Il lui restera comme trace indélébile de sa nature humaine, le noyau anthropologique de l'humanité, le besoin, en apparence paradoxal, de cette reconnaissance, ce que nous avons développé dans notre précédent ouvrage : *Les yeux dans les yeux. L'énigme du regard*, Albin Michel, 2006.

l'enfant retire un sentiment de fierté qui lui donne le désir et la motivation de recommencer.

Malheureusement pour l'enfant comme pour les parents, dans le champ de l'éducation, tout excès produit ses propres toxines. Si, jadis, l'excès d'autoritarisme provoquait des conduites d'inhibition, de retrait et des manifestations de souffrance névrotique, de nos jours l'excès d'autorisation finit par produire lui aussi des toxines ! Celles-ci prennent la forme de ce que j'appelle les « pathologies de l'assertivité ». En effet, vient un jour où cette toute-puissance du désir de l'enfant bute sur la réalité, sur les contraintes matérielles et existentielles qui pèsent sur chaque famille et l'empêchent de satisfaire tous les désirs de l'enfant. Un jour ou l'autre, quand l'enfant ne cesse de répéter : « c'est moi qui... » (veux, décide, choisis, etc.), les parents sont dans l'obligation de lui dire non et cette limitation est insupportable. En effet, comme l'instance assertive sert l'expression du potentiel du sujet, comme elle est directement dérivée de son moi, les obstacles à la réalisation assertive seront ressentis comme autant de menaces pour l'intégrité de ce moi, comme d'intolérables entraves.

Aucun adulte, aucun parent ne peut de nos jours ignorer la véritable épidémie d'un certain nombre de « troubles » décrits depuis une trentaine d'années (c'est-à-dire, en gros, depuis une génération) chez les enfants. Quels sont-ils ? Le trouble oppositionnel avec provocation (TOP), le trouble hyperactivité avec ou sans déficit de l'attention (THADA), le trouble des conduites (TC). De quoi s'agit-il ? La classification des maladies mentales proposée par le fameux DSM[1] isole, en effet, ces trois « troubles » qui, pour chacun d'entre eux, regroupent en réalité une série de conduites, de manifestations ou de symptômes de nature très diverse. Ainsi, quand on parle de « trouble oppositionnel avec provocation », sous ce singulier en apparence simple, on mélange en fait des conduites très hétéroclites[2], le diagnostic reposant sur un cumul de signes décrits de façon très concrète. Voilà qui est pratique puisque chaque

---

1. DSM : le manuel de diagnostic des maladies mentales conçu par l'Association américaine de psychiatrie, qui en est à sa 4e édition, la 5e étant annoncée. La classification internationale des maladies (CIM) reprend globalement les mêmes catégories, à quelques exceptions près.

2. Pour le TOP, à titre d'exemple voici les huit manifestations décrites par le DSM : 1 : se met souvent en colère ; 2 : conteste souvent ce que disent les adultes ; 3 : s'oppose souvent activement ou refuse de se plier aux demandes ou aux règles des adultes ; 4 : embête souvent les autres délibérément ; 5 : fait souvent porter à autrui les responsabilités de ses erreurs ou de sa mauvaise conduite ; 6 : est souvent susceptible ou facilement agacé par les autres ; 7 : est souvent fâché et plein de ressentiment ; 8 : se montre souvent méchant ou vindicatif.

Pour poser le diagnostic, quatre de ces manifestations doivent être présentes depuis au moins six mois. Le DSM précise en outre que, pour satisfaire le critère, le comportement doit survenir plus fréquemment qu'on ne l'observe habituellement selon l'âge et le niveau de développement de l'enfant.

Concernant le trouble des conduites, le diagnostic exige la présence de trois manifestations depuis douze mois parmi quinze conduites différentes. Quant au THADA, il faut douze manifestations (six dans la rubrique inattention et six dans la rubrique hyperactivité-impulsivité) un total de dix-huit. Signalons enfin que la « comorbidité », c'est-à-dire la possibilité de poser à la fois le diagnostic de TC et TOP et THADA, ou les trois ensembles, est très élevée, ce qui laisse planer de sérieux doutes sur la validité des entités ainsi définies.

personne sachant lire et faire une addition peut ainsi poser un diagnostic ! On ne s'étendra pas ici sur l'aspect artificiel de ces regroupements. Ni sur le fait que sont ainsi rassemblées des conduites appartenant aussi bien à la sphère de l'intime, des émotions, qu'aux relations familiales et sociales et aux aspects juridiques voire réglementaires, dans un nivellement complet de valeurs.

On a parlé de quasi-épidémies. Qu'est-ce à dire ? Toutes les enquêtes épidémiologiques, et elles sont nombreuses du fait que par sa construction même chaque « trouble » est aisément identifiable et facilement comptable, montrent une augmentation importante de ces divers troubles dans la population générale, avec d'ailleurs une fréquence aux États-Unis qui est à peu près le double de celle observée en Europe. Que signifient cette différence et cette augmentation au cours des vingt à trente dernières années ? Un nouveau gène de l'opposition, de l'agitation ou de la délinquance pourrait-il s'exprimer soudainement, à cette vitesse en si peu de temps ? Existe-t-il un nouvel agent infectieux qui, tel le virus du sida, contamine le cerveau des jeunes enfants des sociétés occidentales ? Les psychiatres européens sont-ils incompétents, incapables d'utiliser correctement cet instrument de repérage si simple et si objectif ? Plus sérieusement, n'est-on pas, au travers de ces « troubles », confronté aux résultats de deux types d'éducation encore différents (pour combien de temps ?) et aux conséquences des changements éducatifs importants survenus depuis trente ou quarante ans ? Avant d'incriminer les gènes, les chromosomes, les neurotransmetteurs et les fonctions neurocognitives, ne devrait-on pas aussi réfléchir sur les évolutions sociales, familiales et éducatives, avec leurs conséquences sur le développement de l'enfant ? Mais cela risque de remettre en cause bien des choses !

Depuis plus de trente ans, j'exerce le métier de pédopsychiatre. J'ai donc pu assister au développement impressionnant de ces fameux « troubles », TOP, THADA et TC. Évidemment, certains enfants présentaient déjà des perturbations similaires : on parlait alors d'enfants fugueurs, voleurs (kleptomanes, pour faire savant), pyromanes, violents et même caractériels. Moins nombreux que ceux regroupés aujourd'hui dans ces « troubles », de toute évidence ils étaient élevés et vivaient dans des conditions souvent défavorables. La plupart des cliniciens considéraient que ces conditions défavorables jouaient un rôle prépondérant dans l'apparition, l'entretien voire la répétition de ces conduites pathologiques, lesquelles témoignaient de la souffrance de l'enfant. En quelque sorte, les difficultés de celui-ci étaient comprises comme la résultante des conditions environnementales pas toujours favorables, les liens de l'enfant à son entourage étant perçus comme structurants (ou déstructurants). L'enfant, lui, était naturellement compris comme le « produit » de son éducation.

Aujourd'hui, parmi les multiples enfants présentant ces TOP, THADA ou TC, certains continuent d'être confrontés à ces situations environnementales et/ou éducatives défavorables. Mais pas tous, loin s'en faut ! On en rencontre aussi avec d'incontestables TOP, THADA ou TC qui sont élevés dans des familles sans violence, sans difficulté sociale majeure, sans avoir vécu les classiques carences éducatives ou affectives (que les parents soient en couple ou séparés importe finalement assez peu). Au contraire même, les parents semblent attentifs à leur bambin, dévoués, si ce n'est trop dévoués, aimants, soucieux de son confort et de son bien-être... Sans nul doute, ces enfants-là sont plus nombreux que jadis et semblent manifester dans ces conditions en apparence favorables des troubles non rencontrés jusqu'à ces dernières années.

Il est étrange qu'on mette volontiers en avant une possible cause génétique (déséquilibre dans les neurotransmetteurs, système du contrôle de l'impulsivité défaillant, agressivité excessive, etc.), qu'on recherche systématiquement l'origine du trouble dans l'enfant (dans son cerveau, son patrimoine génétique, etc.), que la société affecte de le considérer comme un être clos sur lui-même et dont l'expressivité comportementale dépendrait uniquement de ce qu'il y a dans la machinerie neurocérébrale. Pourtant, c'est peut-être moins étrange qu'il n'y paraît, car finalement cet enfant correspond très bien à l'idéologie de l'individu clos sur lui-même, individué et séparé, libre de ses liens comme de ses choix. En outre, ayant fait ce que la société prône ou recommande et refusant de se sentir coupables des troubles présentés par leur bambin, les parents n'acceptent plus la moindre mise en cause ressentie aussitôt comme une accusation injustifiée renvoyant à ces temps ridicules où l'enfant était considéré comme le produit de son éducation. Désormais, l'enfant est le produit de son patrimoine génétique et de son assertivité. D'ailleurs, depuis sa naissance, on lui demande son avis et on le laisse faire ses choix et décider ! Il est reconnu dans son droit à se différencier, à dire « non », à choisir, ce « non » symbole de son individuation et de son existence propre[1].

Un exemple de la vie quotidienne : je suis interpellé par une jeune mère que je connais par ailleurs. Sa fille Pauline, âgée de 3 ans et demi, est depuis quelque temps « infernale » : elle s'oppose à tout, fait des colères, des caprices… Elle n'est jamais contente, jamais satisfaite. La maman me fait part de son épuisement et de sa lassitude. « Pourtant, dit-elle, on lui demande toujours son avis, on la laisse choisir. » Et cette maman me raconte le dernier épisode datant de la veille : au dessert, il ne reste que deux yaourts. La maman demande donc à Pauline lequel elle veut manger : celui à la vanille ou celui à la fraise ? Hésitation de Pauline qui finit par choisir le yaourt à la fraise, qu'elle mange en prenant son temps. La mère mange plus rapidement l'autre, à la vanille. Quand elle a fini, Pauline refuse de finir le sien, déclarant qu'elle voulait celui de maman… et commence à faire une colère. La maman tente de calmer sa fille en argumentant que c'est elle-même qui a fait ce choix… Puis Pauline, toujours grognon, proteste pour aller au lit. Elle finit par se coucher, mais à minuit, des cris. Le père, envoyé par sa femme énervée, essaie d'apaiser sa fille qui exige la présence de sa mère. Cette dernière refuse de se lever, le père finit par calmer sa fille. Mais une heure après, nouveaux cris de Pauline qui appelle sa maman, celle-ci se déplace et aussitôt Pauline, en pleurant

---

1. Voir sur ce thème : D. Marcelli, P. Leroy, *C'est en disant non qu'on s'affirme*, Hachette, 2007.

et protestant, de lui dire : « Pourquoi t'as mangé le yaourt à la vanille ? » Grosse colère en pleine nuit qui pousse la mère excédée à prendre Pauline sous son bras, la descendre au garage et la menacer de la laisser là avec son nin-nin et sa couverture pour qu'elle-même puisse dormir tranquillement... Finalement, Pauline se calme et chacun retourne dans son lit finir la nuit. La mère fait cette remarque : « Je me demande si ma fille n'est pas un peu caractérielle car c'est bien elle qui avait choisi le yaourt à la fraise ? Qu'est-ce que vous en pensez, docteur ? » Je lui demande si, à son avis, un enfant de 3 ans et demi sait vraiment s'il préfère un yaourt à la vanille ou à la fraise. En revanche, ce dont je suis sûr, c'est qu'un enfant de 3 ans et demi a très envie de goûter le yaourt que sa mère semble manger avec plaisir. Finalement, laisser Pauline choisir, c'est la confronter à l'angoisse du choix et à l'angoisse de l'erreur. Il aurait certainement été plus rassurant de prévoir un yaourt à la vanille pour tout le monde un soir, à la fraise pour tout le monde le lendemain. Ce que je conseille à la mère, en même temps que je lui suggère de choisir dans les diverses interactions de la journée une séquence particulière où elle-même et le père décideront ensemble de ne pas céder à l'exigence de Pauline. Un moment de la journée où ils seront tous les deux disponibles et où ils pourront prendre le temps nécessaire, sans s'énerver ni crier, mais en montrant leur ferme détermination vis-à-vis de leur fille. Quelques semaines plus tard, elle me dira que Pauline a complètement changé, la vie est redevenue agréable et, ajoute-t-elle, « en plus, Pauline semble bien plus heureuse et détendue ».

Tout est donc, assez facilement, rentré dans l'ordre : Pauline est redevenue la petite fille agréable et plutôt facile à « élever ». Il a suffi pour cela que les parents lui posent quelques limites, pas trop, juste ce qu'il faut, pour qu'elle puisse comprendre qu'elle n'était pas la seule à décider et que les autres n'avaient pas à obtempérer systématiquement. On pourra noter que dans sa phase d'opposition « hors limites », Pauline semblait être plus malheureuse qu'heureuse, grognait « pour un rien » et avait perdu les bonnes relations qu'elle avait eues jusque-là avec ses parents. Il a fallu cette « crise » au cours de laquelle la mère a montré clairement ses propres limites, crise suivie d'un changement modeste mais constant de l'attitude éducative des parents, pour que Pauline se sente apaisée par ce contenant rassurant. Si ce changement a pu s'opérer aussi vite, c'est pour deux raisons principales : les parents n'ont pas trop tardé pour en parler, les difficultés n'ayant commencé que depuis quelques semaines ; d'autre part ils ont fait confiance à celui qui leur a procuré ces conseils à partir desquels ils ont eux-mêmes engagé une réflexion. Malheureusement, il arrive souvent que les parents se mobilisent beaucoup plus tardivement, donc quand l'enfant a 4 ou 5 ans, ou encore qu'ils répugnent pour diverses raisons à en parler à des « étrangers ». Parfois, ils semblent faire preuve d'une certaine indifférence et dans ce cas les difficultés rencontrées par l'enfant ne sont pas tout à fait les mêmes.

Quand il y a trop d'autorisations par principe éducatif

Revenons un instant à la situation de Pauline : la maman demande à Pauline de choisir l'un des deux yaourts, fraise ou vanille. N'est-ce pas très exactement ce que la société suggère dans l'éducation « moderne » : il faut laisser l'enfant choisir, il faut respecter ses goûts, il est préférable de lui demander son avis, il est préférable qu'il soit actif plutôt que passif, etc. Les parents de Pauline ne font rien d'autre que d'écouter les multiples conseils éducatifs répandus ici ou là, d'autant qu'eux-mêmes revendiquent, à juste titre, dans leur vie la capacité de choisir ! Pauline a bénéficié jusque-là d'une éducation libérale où les parents ont cherché à tenir compte de son avis, à respecter ses goûts, à développer son autonomie. Pauline est une fillette éveillée, avec un excellent niveau de langage, s'adressant aux adultes sans crainte, tout à fait dans le registre de la normalité développementale. Habituée à obtenir assez facilement ce qu'elle désire, elle est de plus en plus souvent confrontée à une difficulté majeure, celle de devoir choisir, ce qui implique, de fait, l'obligation de renoncer (à ce qui n'a pas été choisi). Le choix est toujours difficile. De plus, Pauline sait-elle dès cet âge le parfum qu'elle préfère ? On peut légitimement en douter : le goût est aussi une affaire d'éducation et n'est pas qu'une expression des gènes. Voyant sa mère manger avec plaisir le yaourt qu'elle n'a pas choisi, elle se demande si elle n'a pas fait une erreur. Qui, au restaurant, après avoir choisi un plat, n'a pas au moins une fois regretté son choix en voyant le plat du voisin ? En résumé, Pauline se trouve face à un conflit (affectif et cognitif) qui la dépasse et probablement aussi l'angoisse ; elle veut tout, y compris remonter le temps, et se met en colère quand la réalité lui impose une limite. Dans le cas présent, face à ces excès, les parents de Pauline ont eu la sagesse de conforter cette limite et de ne pas chercher à satisfaire leur fille (en courant au magasin ou en lui donnant une compensation, véritable récompense de sa colère : un gâteau, une glace ou quoi encore ?).

Mais il existe des parents qui, pour diverses raisons, persistent dans cette escalade et semblent incapables de limiter les exigences de leur enfant. Ils adoptent ce principe éducatif essentiellement pour deux motifs : soit ils font preuve d'une crédulité certaine et ont tendance à prendre au pied de la lettre ce que la société semble leur raconter ; soit ils ont souffert dans leur propre enfance d'une éducation quelque peu autoritaire et un double refus les anime. Ils ne veulent pas s'identifier à leurs parents et reproduire les mêmes comportements qu'ils jugent néfastes. Ils désirent également épargner à leur enfant le type de souffrance, telle qu'une inhibition, une incapacité à s'affirmer, parfois des symptômes d'une névrose plus handicapante qu'ils ont eux-mêmes vécus dans leur propre enfance et dont ils continuent souvent de souffrir. Ces parents sont attentifs à leur enfant, toujours bienveillants, soucieux de son épanouissement, mais ils sont eux-mêmes très respectueux des autres et du cadre social au-delà du cadre familial. En voici un exemple typique.

Fabrice est un petit garçon de 4 ans et demi au développement normal pour son âge. Il a simplement les traits un peu tirés, le visage « fatigué ». Cependant, pendant tout l'entretien, il est calme, joue d'abord avec les encastrements, ébauche des jeux avec les animaux, dessine un bonhomme puis attend assez paisiblement la fin de l'entretien. Il ne cherche pas à interrompre ses parents trop souvent, comme le font certains, sauf à deux ou trois reprises. Il parle alors à l'oreille, plutôt celle de sa mère, de façon si faible que, ne comprenant pas ce que Fabrice veut lui dire, elle est obligée de le lui faire répéter, interrompant de ce fait l'entretien avec moi. Toutefois, il ne cherche pas à s'interposer systématiquement dans l'interaction entre ses parents et moi-même, là encore comme le font beaucoup d'autres. Très proche de son fils, la mère se rend complètement disponible lorsque Fabrice lui parle à l'oreille et éprouve, en outre, le besoin de répéter avec ses mots ce que son père lui dit, un peu comme si elle devait traduire les propos du père aux oreilles du fils. Dans le cours de l'entretien, je lui ferai remarquer cette nécessité d'être la traductrice auprès de Fabrice de ce que dit son père, et, un peu étonnée, elle en conviendra ! Les parents consultent à l'initiative du pédiatre qui n'a pas pu examiner Fabrice après une crise d'asthme dont il est atteint, car celui-ci a refusé et a fait une colère terrible au cabinet du médecin, ce qui a quelque peu surpris et inquiété les parents. Sans qu'ils aient véritablement de plaintes à émettre sur leur vie familiale, ils reconnaissent que Fabrice s'oppose à toutes leurs décisions, n'a pas envie d'aller à l'école, refuse de monter puis de sortir de la voiture s'il n'est pas d'accord avec le motif de la sortie, etc. Pour l'école, il ne faut pas lui dire qu'il y va et les parents doivent faire semblant de l'emmener dans le lieu qu'il a choisi, même si Fabrice n'est pas dupe du stratagème ! Le père insiste sur le fait que Fabrice « fait ce qu'il veut quand il veut », propos qui reviendront à plusieurs reprises pendant l'entretien. Les parents aiment bien les jeux de société, mais Fabrice décide de la règle, de façon à être toujours gagnant. Dans ces conditions, le jeu s'arrête souvent de façon prématurée, au grand regret de tous, car Fabrice se met en colère s'il ne gagne pas en permanence. À la maison, lorsqu'il n'obtient pas ce qu'il veut, il fait des colères, jette les objets, claque les portes, hurle : « non je ne veux pas ça… c'est moi qui commande ». Il est parfois très agressif, en particulier avec son grand frère, Gaëtan, âgé de 10 ans. Il le menace volontiers, cherche à lui donner des coups de poing quand ce dernier ne veut pas se plier à ses exigences (jouer avec lui, lui prêter ses affaires, etc.). Il existe enfin des comportements d'opposition majeurs :

– au niveau de l'alimentation, avec des exigences et des caprices alimentaires multiples et incessants : Fabrice mange rarement la même chose que le reste de la famille et la maman doit le plus souvent lui préparer des plats spéciaux, ce qui ne garantit pas qu'il les mange ! Récemment, il a demandé des gâteaux mais il a voulu une boîte non encore entamée, exigeant de l'ouvrir, et a refusé de la partager avec son frère ;

– au niveau du sommeil : les comportements d'opposition au moment du coucher pouvaient durer une à deux heures, mais ceux-ci se sont un peu atténués depuis que les

35

parents ont consulté un centre spécialisé dans les troubles du sommeil à l'autre bout de la France ! ;

– au niveau de l'habillement : Fabrice choisit ce qu'il veut mettre et là encore fait une grosse colère si sa mère conteste son choix quand il ne semble pas très adapté soit à l'activité envisagée, soit au climat ;

– à l'extérieur, les parents évitent de sortir avec Fabrice dans les grands magasins parce que c'est toujours lui qui doit tout choisir et qu'il exige un cadeau (bonbon, jeu, etc.), sinon ce sont des hurlements. Quand il va avec son père chez le marchand de journaux, ce dernier précise : « On repart forcément avec quelque chose... s'il ne prend rien, alors il fait une grosse colère... »

Dans ce contexte plutôt calamiteux, deux choses sont remarquables. D'une part, l'étonnante tolérance des parents et même du grand frère, qui tous semblent s'accommoder sans trop de protestations de l'emprise exercée par Fabrice sur leur vie. D'autre part, ces difficultés sont strictement intrafamiliales. En effet, s'il s'oppose pour partir à l'école comme on l'a déjà dit, quand il y entre, scolarisé en moyenne-grande section de maternelle, il semble ne pas poser de problèmes particuliers à l'institutrice. Toutefois, sans être isolé, il a assez peu de copains à l'école. De même, du fait d'un discret trouble articulatoire, il va régulièrement voir une orthophoniste, il y prend plaisir, s'y intéresse et respecte les consignes.

Fabrice présente donc un trouble oppositionnel avec provocation relativement intense mais strictement intrafamilial. En parlant avec les parents, ceux-ci nous apprennent l'existence d'une série d'événements de vie négatifs qui ont perturbé le déroulement de la grossesse. Tout d'abord, la maman a perdu une de ses meilleures amies dans un accident de voiture. Elle a alors été envahie par une crainte de catastrophe et par des angoisses de mort, faisant à plusieurs reprises un cauchemar où l'accouchement se passait mal et le bébé mourait, malgré la présence du papa. Peu après le décès de son amie, la mère a dû faire face à un conflit de famille important qui les a obligés, elle et son mari, à rompre avec une grande partie de la famille paternelle. Un mois plus tard, le père a obtenu plus tôt que prévu une mutation désirée ; il a dû laisser la maman seule avec son fils aîné toute la semaine. Pendant toute la fin de la grossesse, elle s'est sentie isolée, perdue et une dépression prénatale relativement importante s'est installée, suivie d'un blues du post-partum très important puis d'une dépression postnatale : elle pleurait souvent, se sentait extrêmement fatiguée, accablée. D'emblée, des difficultés interactives sont apparues juste après la naissance : Fabrice pleurait beaucoup, exigeait constamment d'être collé contre sa mère qui devait le porter en permanence. Dès le début, le sommeil a été perturbé par un endormissement particulièrement difficile : Fabrice s'endormait par brèves séquences d'un quart d'heure, une demi-heure au maximum, après avoir été tenu dans les bras. Mais, posé dans le berceau, il se réveillait au moindre sursaut et les parents devaient recommencer. Lors de la consultation spécialisée, on a recommandé aux parents de ne pas se précipiter auprès de Fabrice et de le laisser pleurer un peu dans l'obscurité.

Le père, fils unique, a été élevé dans une famille d'accueil de sa naissance jusqu'à 3 ans pendant la semaine, ses parents ne venant le voir que de façon intermittente le week-end et encore pas toujours, selon lui, à cause de leur commerce. Il est en conflit avec sa famille et ne voit ses parents que de temps à autre. De son enfance dans cette famille d'accueil où il a été très heureux, selon ses propos, il conserve, de toute évidence, une grande sensibilité à l'abandon et aux conflits, qu'il évite au maximum. C'est la raison pour laquelle il fait tout, dit-il, pour éviter les colères de son fils. La mère est elle aussi enfant unique, en conflit depuis l'adolescence avec ses parents qu'elle a quittés dès l'âge de 16 ans, après une enfance où elle a été élevée de façon rigide, parfois même méchante, souvent humiliée. Elle n'aime pas parler de son enfance. Elle reconnaît être habitée par une angoisse de séparation majeure avec la conviction qu'il arrivera des drames à ses enfants. Aussi a-t-elle constamment besoin de savoir où sont ses enfants et ne se sent-elle tranquille que si elle est avec eux. Même quand Fabrice est avec son père, elle craint constamment une catastrophe. Dans les relations familiales, il apparaît évident que la maman est totalement au service de Fabrice, que le père fait tout pour éviter les colères et les conflits et que Fabrice tire un immense bénéfice de cette angoisse de séparation dont il est l'objet. La mère est, bien évidemment, très angoissée quand Fabrice fait une crise d'asthme et lorsqu'elle va ensuite voir le médecin, craignant ce qu'il pourrait lui dire. On peut penser que le refus de Fabrice de se laisser examiner est en partie lié à ce contexte d'angoisse et en partie à son habituelle attitude de toute-puissance.

Les parents confirment leur désir de voir s'atténuer l'opposition de leur enfant, mais comme souvent dans ce genre de consultation, ils suggèrent : « Il faudrait qu'on ait plus d'autorité ? » Il est évident qu'en raison du contexte, ils en sont pour l'instant incapables ! Après avoir longuement discuté avec les parents, je leur demande quelle modification ils aimeraient voir en premier lieu, puis je leur dirai ensuite ce que, pour mon compte, je souhaiterais modifier. Ils aimeraient pouvoir faire des courses sans que Fabrice ne leur fasse honte par ses colères. Je propose alors à la famille, y compris Fabrice qui, sollicité, accepte, de se mettre d'accord avant de partir au magasin sur la chose que Fabrice aura le droit de choisir, mais une seule chose, pas deux et, à la moindre protestation de Fabrice, tout le monde devra rentrer à la maison. Tous acceptent ce contrat. Ensuite, à leur demande, je précise ma suggestion : quand ils ont envie de faire un jeu de société, ils devront commencer par déclarer avant le jeu que, tous, ils en respecteront la règle « comme M. Marcelli l'a demandé ». Le père est assez étonné et déclare que, puisqu'il s'agit d'un jeu, cela ne le dérange pas que Fabrice modifie la règle. Je lui réponds que moi, au contraire, ça me gêne beaucoup, car une règle, cela permet précisément de jouer sans se disputer, donc de jouer mieux et plus longtemps. Fabrice, à l'étonnement de ses parents, acquiesce à ces propositions.

Quand je les revois deux mois plus tard, les crises d'opposition sont en très nette diminution, même si elles n'ont pas totalement disparu. Quand ils jouent ensemble, Fabrice exige scrupuleusement, en mon nom, de respecter la règle du jeu et, effectivement, le jeu se déroule plus agréablement. Il fait encore des colères, surtout lorsque sa mère ne lui achète pas le petit objet pendant les courses comme cela avait été convenu auparavant. Je m'étonnerai alors que la maman ne respecte pas l'engagement pris, ce qui la met un peu mal à l'aise et ravit manifestement Fabrice. Elle promet de mieux respecter cet accord. Puis Fabrice accepte qu'on introduise une nouvelle règle, *mais une seule chaque jour*. On convient que Fabrice doit se laver les mains avant le repas du soir… Revus quatre mois plus tard, l'atmosphère a considérablement évolué, les parents sont très satisfaits. Fabrice semble d'ailleurs plus détendu. L'angoisse de séparation persiste évidemment, mais les parents, surtout la mère, ne sont pas désireux dans l'immédiat d'aborder ce problème de front. Je me contente de quelques conseils et leur propose de reprendre contact « à l'occasion ».

Dans la « vraie vie » et dans les situations cliniques, il est rare que des conditions pathologiques se développent à la suite d'une unique perturbation. On retrouve, le plus souvent, un cumul de difficultés, comme on le constate pour Fabrice. La mère a traversé toute une série d'événements de vie « négatifs » pendant la grossesse[1], les deux parents ont des relations plutôt conflictuelles avec leurs familles respectives, la maman a subi un style d'éducation autoritaire et dévalorisant, c'est du moins le souvenir qu'elle en garde, enfin une dépression périnatale, méconnue et par conséquent non soignée, est venue perturber les relations précoces mère-bébé. Tout ceci semble expliquer pourquoi Fabrice se trouve mis dans cette position d'enfant « répara-

---

1. Ceci est loin d'être exceptionnel et les jeunes femmes enceintes sont très souvent confrontées à ce type d'événements durant une grossesse, ce qui en fragilise le déroulement.

teur » dont la « toute-puissance » sera renforcée par le discours éducatif des parents. En effet, ceux-ci insistent, à plusieurs reprises dans l'entretien, sur le fait qu'il ne sert à rien de trop frustrer un enfant, qu'il est mauvais de lui refuser ce qu'il demande, d'ailleurs ils n'en ont pas envie, etc. Le réel dévouement des parents à leurs enfants, leur propre respect des autres et leur sensibilité aux émotions rendent compte du fait que Fabrice parvient encore à ne pas manifester ses conduites d'opposition en dehors du cadre familial. Mais il y a fort à craindre qu'en l'absence d'intervention cela se serait rapidement produit, en particulier avec l'élévation du niveau des exigences scolaires lors de l'entrée à l'école élémentaire. Enfin, tout comme Pauline, Fabrice semblait plus affecté que véritablement épanoui par le climat de tension intrafamilial qu'il provoquait. Une sourde culpabilité le contraignait à « en rajouter » sans cesse ! C'est certainement pour cette raison que Fabrice a participé très activement à ces consultations et qu'il a lui-même été une « force de proposition ». Il a adhéré aux recommandations et les a suivies parfois mieux que les parents, en particulier la maman. En effet, celle-ci, on l'aura noté, ne respecte pas complètement le contrat par rapport aux sorties dans un magasin en refusant ce qui avait été convenu, l'achat d'une bricole pacificatrice. Pourquoi ? Peut-être a-t-elle retrouvé une identification à la rigidité éducative de ses propres parents ? Peut-être a-t-elle mal supporté de se voir supplantée en partie par ce consultant bien impertinent qui se permet d'intervenir ainsi dans sa famille ? Peut-être a-t-elle quelques difficultés à renoncer à un rôle de victime tyrannisée par son fils après l'avoir été par ses parents ? Nul ne le saura jamais, pas même cette maman, l'inconscient ayant plus d'un tour dans son sac ! Mais l'important est qu'elle aussi a fait le pari du changement, ce qui a pu dégager toute cette famille du lien de provocation dans lequel ils s'enfermaient tous et qui risquait de piéger durablement l'enfant.

Quand les parents réagissent ainsi relativement vite, avant 5-6 ans, l'évolution est en général assez favorable. En revanche, le changement sera de plus en plus difficile à obtenir avec le temps, nécessitant alors le recours à des traitements plus lourds (psychothérapie individuelle et familiale) ou à des aménagements de vie telle une séparation avec mise en internat scolaire ou thérapeutique, selon la gravité des troubles du comportement qui ne manquent pas d'apparaître vers 8-9 ans.

Noé, garçon de 7 ans et demi, à la mine assez éveillée, écoute attentivement ce que dit sa mère, laquelle évoque la turbulence, l'agitation incessante et le refus d'obéissance de son fils. Noé ne cesse de la provoquer, allant jusqu'à l'insulter (« grosse vache, salope… ») et la faire pleurer. Le lendemain, Noé lui dit parfois : « C'est bien fait, je t'ai fait pleurer… » À l'école, il est décrit comme instable avec des difficultés d'apprentissage centrées sur la lecture. Il est en échec d'apprentissage et redouble son CP. Dès la mise à la maternelle, les difficultés d'adaptation ont été signalées à la maman : instabilité importante, refus d'obéir et de respecter les consignes, agressif avec les autres enfants qu'il mordait, de même que son grand frère à la maison. Les conflits sont incessants entre les deux frères et, en voiture, ceux-ci sont particulièrement agités et turbulents sur la banquette arrière.

La maman met rapidement en avant son sentiment de culpabilité intense car, dit-elle, ayant déjà un fils aîné, elle souhaitait vivement une fille pour cette seconde grossesse. Très déçue d'apprendre qu'elle attendait un second garçon, elle a eu un mouvement de rejet violent et intense dont elle s'est rapidement sentie coupable. Elle n'a investi cette seconde grossesse que très progressivement et reconnaît avoir traversé une dépression prénatale assez importante. À la naissance de Noé, elle s'est consacrée à lui sans réserve et le développement précoce a été tout à fait satisfaisant, ce qui l'a rassurée. Mais elle reconnaît qu'elle « n'avait aucune autorité » sur Noé : il obtenait toujours d'elle tout ce qu'il voulait, contrairement à ce qui s'était passé avec l'aîné. Le père est peu motivé pour cette démarche de consultation, car il pense que tous ces problèmes sont « de la faute de sa mère » qui se laisse faire et lui pardonne tout, alors que lui-même n'a pas de souci avec son fils. En effet, Noé aime bien être avec lui, l'aider dans son travail et s'occuper avec lui des animaux de la ferme...

On le constate, la situation de Noé est déjà plus compliquée que celle de Fabrice ou de Pauline. Manifestement, Noé mène sa mère « par le bout du nez », pour utiliser une expression triviale mais non dénuée de pertinence dans le cas présent. Incapable de donner une limite à son fils du fait de sa propre culpabilité, la maman accepte, en outre, les insultes et les humiliations, incapable de réagir autrement qu'en pleurant puis en projetant cette culpabilité sur son fils. Elle ne semble pas soutenue par le père de Noé qui lui-même tient à son égard des propos dévalorisants. Noé paraît être à peu près contenu par la relation à son père mais, en revanche, à l'école, en face des institutrices, il reprend les mêmes attitudes qu'avec sa mère et met ainsi sa scolarité en péril !

Quand il y a trop d'autorisations par indifférence et délaissement...

Si l'excès d'autorisations résulte parfois d'un désir chez le parent de réparer quelque chose de sa propre enfance ou de son sentiment de culpabilité, il arrive aussi que cela corresponde à une indifférence ou un laisser-faire excessif. Ce n'est pas nouveau. Les cliniciens parlaient alors de « carence d'autorité » pour décrire ces enfants souvent livrés à eux-mêmes, passant plus de temps dans la rue qu'à la maison, sans aucune exigence en matière de règles pour la vie familiale comme pour la vie en société, ni pour le travail scolaire ou la fréquentation de l'école... Pendant le temps de l'enfance, ils ne posent pas de problèmes trop aigus, étant le plus souvent en bande avec d'autres jeunes un peu plus âgés. Durant la scolarité primaire, les enseignants parviennent à les contenir jusqu'aux années du cours moyen (CM1 et CM2) vers 9-10 ans : il n'est pas rare d'ailleurs qu'un enseignant soit sensible à leur détresse et établisse, au moins le temps d'une année scolaire, une relation de bonne qualité, assurant alors auprès de cet enfant le rôle d'un véritable tuteur de résilience, comme le signale Boris Cyrulnik. Souvent, ces enfants délaissés font preuve d'une apparente maturité, devant se prendre en charge eux-mêmes et soutenir leurs parents défaillants (gravement déprimés, consommateurs d'alcool, dans une situation de déchéance sociale). Ils sont parfois « parentifiés », comme le soulignent les spécialistes, précisant par ce terme que ces enfants peuvent constituer un réel soutien pour leur(s) parent(s). En dehors d'un absentéisme scolaire fréquent et de quelques comportements délictueux, tels que des vols de nécessité, l'enfance se passe ainsi sans trop de dégâts apparents. Hélas, la grande enfance, à partir de 10-11 ans, puis l'adolescence viennent rompre ce fragile équilibre. Les troubles du comportement occupent vite le premier plan : refus de toute discipline, apparition ou aggravation des conduites délinquantes, incivilités multiples, consommation de produits illicites (tabac et alcool d'abord, puis haschisch et autres drogues), etc. La bande constitue pour ces jeunes leur cadre « éducatif » et l'adulte est, en général, complètement disqualifié. Ces constatations servaient jadis à justifier les attitudes éducatives autoritaires. En réalité, cette « carence d'autorité » masquait l'origine principale de ces troubles : une carence de soin et un abandonnisme intrafamilial. Avec la grande enfance et l'adolescence, ces jeunes obéissent d'abord à la loi du groupe qui devient vite leur famille d'adoption et grâce auquel ils se sentent forts et protégés. La loi des adultes, compte tenu de l'expérience de leur enfance, n'a en général pas grande signification pour eux ! Le drame provient du fait que le fonctionnement de ce groupe s'aligne le plus souvent sur les propositions les plus impulsives et les plus irrationnelles de celui qui est le plus déviant ou le plus malade, les autres devant suivre par nécessité d'affiliation…

Ces jeunes risquent de ce fait d'être pris dans une escalade de conduites marginales ou déviantes tant qu'ils ne rencontrent pas un adulte avec lequel ils puissent nouer un lien de confiance et sur lequel ils puissent s'appuyer pour se dégager de la loi du groupe. Parfois aussi, une relation affective, avec un(e) petit(e) ami(e), leur permet de prendre une distance protectrice. Quand ces jeunes n'ont pas vécu des situations de réelle violence et d'exigence de soumission associée à des moments d'humiliation[1] dans leur enfance et qu'ils ont principalement souffert d'un délaissement, ils ne se montrent pas nécessairement violents eux-mêmes, et ne commettent pas d'actes trop destructeurs. Souvent, avec la rencontre de la loi (arrestation, garde à vue, menace de sanction, peine de réparation) et l'expérience de l'âge, les comportements les plus négatifs s'estompent peu à peu, en particulier l'intolérance à la moindre contrainte et le refus systématique de prendre en considération le point de vue d'autrui. Outre la rencontre avec cet adulte que l'on a déjà signalée, véritable tuteur de résilience, l'autre facteur d'évolution favorable est incontestablement représenté par un bon niveau intellectuel qui permet d'accéder à un minimum de distanciation critique par rapport aux exigences et propositions de la bande.

---

1. Voir sur l'humiliation les deux chapitres suivants.

2

Ce qui advient
quand il y a trop d'interdits

L'éducation des enfants a toujours oscillé entre deux préceptes résolument opposés. Les uns considèrent l'enfant comme un être encore pur de toute contamination par la société des hommes : l'éducation consiste à préserver cette pureté, cette bonté, cette intelligence naturelle. Il convient donc de laisser l'enfant s'épanouir, il saura « naturellement » ce qui est bon, il fera par nature le bon choix. Domaine privilégié des théoriciens et des philosophes, Rousseau avec son *Émile* en est l'exemple classique, Alexander Neill[1] avec les *Libres enfants de Summerhill*, l'un des derniers représentants. Mais, à côté de ces quelques ouvrages et esprits dits « éclairés », avance l'armada considérable des praticiens de l'éducation, ceux qui sont au contact direct des enfants. Le discours y est radicalement différent : l'enfant est un sauvageon, une herbe folle toujours susceptible de pousser de travers si l'on n'y prend pas garde. Si on ne le bride pas précocement, le « naturel » revient au galop, les rameaux de la plante risquent de partir en tous sens et, pour que l'enfant « pousse

---

1. A. S. Neill, *Libres enfants de Summerhill*, Maspero, 1970.

droit », il ne faut pas hésiter un instant à élaguer en conséquence ! Les métaphores sur les plantes, les animaux sauva-
ges abondent dans les écrits de ces éducateurs qui semblent
plus méfiants à l'égard de cet enfant que réellement soucieux
de son épanouissement. Il convient de reconnaître que
l'objectif de l'éducation n'était précisément pas celui-là : le
souci communément partagé de l'épanouissement de
l'enfant, de son potentiel de développement remonte à peine
aux dernières années du XXe siècle ! Auparavant, la tâche
principale de l'éducation consistait à obtenir un « produit
fini » conforme aux exigences de la société, un enfant qui se
comporte selon la norme. « Ça ne se fait pas ! » Voilà quel
était le véritable sésame de l'éducation traditionnelle. Quand
le parent disait cela, il interdisait, certes, mais il ne le faisait
pas en son nom. Il s'appuyait sur ce qui était considéré
comme convenable, sur la tradition donc, précisément l'un
des trois piliers du triptyque autorité-religion-tradition[1]. Il
n'avait pas à se justifier et les limites énoncées l'étaient en
fonction de ce qu'on appellera « une morale publique ». Les
enfants se soumettaient à cette limite comme à une évidence ; les adolescents un peu moins et se rebellaient autant
contre les conventions sociales que directement contre leurs
parents. Cette interjection « ça ne se fait pas ! » s'interposait
comme un tiers entre parents et enfants, sorte d'écran protecteur derrière lequel chacun pouvait dissimuler ses émotions ou ses pulsions. Précisément, du côté des parents, les
émotions provoquées par leur enfant et qui surgissent en lui

---

1. Voir le chapitre 5, « Les fondements de l'autorité » et les développements de H. Arendt.

sont multiples, intenses voire même violentes, souvent contradictoires et parfois difficilement contrôlées et contrôlables. Les enfants sont de très puissants activateurs d'émotions chez leurs parents. Un adulte qui a des traits de caractère ou de personnalité un peu saillants, qu'ils soient exigeants, rigides, coléreux, anxieux, phobiques, impulsifs, violents, méticuleux ou autre, verra assurément ses émotions, ses propensions très vigoureusement sollicitées par l'éducation de son enfant. La norme sociale, le « ça ne se fait pas » ou encore le « c'est comme ça » servaient fréquemment de prétexte aux parents pour masquer ou justifier ces émotions, imposant de ce fait à l'enfant une éducation dominée par la rigidité et l'interdiction. Deux tendances émotionnelles opposées pouvaient s'observer. D'un côté, un désir de contrôle, de maîtrise sur un enfant toujours suspect d'intentions négatives conduisait le parent à multiplier les interdits, les sanctions, à faire preuve d'une sévérité jamais démentie. D'un autre côté, un besoin excessif de protection chez des parents souvent craintifs, excessivement soumis aux normes sociales, ressentant la société comme dangereuse et violente, amenait ces derniers à multiplier les interdits.

Ces deux ambiances éducatives conduisaient, et conduisent encore, à des états et des comportements très différents, bien que dans l'un et l'autre cas l'interdit l'emporte largement sur l'autorisation !

Les parents ont toujours raison,
les enfants toujours tort

Entre l'autorité qui construit et l'autoritarisme qui contraint, le chemin est étroit ! Quand le petit enfant interroge celui en qui il a confiance, celui qui lui montre chaque jour les merveilles du monde, spontanément à l'instant décisif, celui où il va mettre la main sur un objet inconnu ou s'approcher d'une situation peu familière, l'enfant attend de sa part une réponse qui lui donne un code de conduite : l'autorité consiste à autoriser régulière-ment cette aventure, cette exploration, mais aussi, de temps à autre, à énoncer une limite, à dire qu'il n'est pas possible de tout prendre, de tout faire. Quand l'enfant a obéi, il reçoit ensuite une explication grâce à laquelle il commence à mieux comprendre le monde et à classer tout ce qui est permis d'un côté, les quelques actions qui ne le sont pas de l'autre. Ce premier classement est beaucoup plus précieux pour un enfant que ce qu'imaginent la plu-part des adultes : cela est non seulement rassurant, mais aussi stimulant pour l'intelligence, permettant de tracer les premières lignes de démarcation. À partir de là, un peu plus âgé, vers 2-3 ans, en même temps que le langage se développe, l'enfant va apprendre les prémices du code social, c'est-à-dire ce qu'il convient de faire et ce qu'il ne faut pas faire. Par exemple, on commence par dire « bon-jour » avant de parler à quelqu'un ; ou encore, on ne mon-tre pas du doigt une personne (alors même **que ce** pointing pouvait être encouragé par le parent quand l'enfant était plus jeune parce qu'il permettait d'accompagner le développement du langage). À cet âge, les parents ne se privent pas de recommander à l'enfant de prendre modèle sur eux-mêmes. En observant ses parents et en les écoutant, l'enfant intériorise petit à petit les limites d'une part, les obligations et les règles sociales d'autre part. Ces dernières présentent, certes, une dimension relativement arbitraire et peuvent changer d'une culture à l'autre. Toutefois, au nom de ces variations culturelles et au nom d'un refus légitime de toute hiérarchie entre les cultures, doit-on pour autant renoncer à l'énonciation de toute règle de vie ?

Il est vrai que la période d'opposition bouscule ce bel arrangement : précisément parce qu'il cherche à s'identifier à ses parents, parce que les obligations sociales se multiplient et que les parents semblent dire « non » de plus en plus souvent, l'enfant se met soudain à faire comme eux, refuse, dit non à tout, veut décider par lui-même, teste la capacité de ses parents à maintenir ces limites ou règles dont il voudrait bien posséder lui-même la clef. Avec cette phase d'opposition, parents et enfant entrent dans un enjeu relationnel radicalement nouveau : pour l'enfant, le parent n'est plus seulement l'objet privilégié d'imitation et d'identification comme dans les étapes précédentes ; il est devenu aussi celui dont l'enfant veut se différencier, se distinguer. L'autonomie motrice émergente lui a déjà permis d'acquérir une ébauche de conscience de soi[1], le langage vient la compléter et l'enfant veut montrer qu'il existe aux yeux de ses parents. « Non, je ne veux pas ! », « non, c'est

_____

1. Voir sur ce point l'exemple dit « du couteau », chap. 4, p. 125.

moi qui décide ! » Dans cet affrontement au cours duquel les deux partenaires se dévisagent souvent de façon intense, se regardent précisément « les yeux dans les yeux[1] », l'enjeu clairement énoncé par l'enfant est de savoir qui dirige la relation, qui a le pouvoir de décision. De nos jours, c'est en reconnaissant ce besoin, sans le disqualifier ni s'en moquer, que les parents peuvent à la fois autoriser ce mouvement de différenciation, rendre possible un début d'affirmation contradictoire qui servira de socle à l'estime de soi, mais, en n'y cédant pas systématiquement, lui montrer que ce désir de « toute-puissance » doit aussi faire avec la limite que représente l'existence de l'autre : l'autorité est un nécessaire partage. Ce n'était pas l'attitude éducative traditionnelle, loin s'en faut ! Tous les adultes au contact d'enfants, tous les pédagogues, les éducateurs qui ont en charge des enfants, tous les parents connaissent ce moment difficile dans l'éducation d'un enfant, ce moment où l'affrontement semble inéluctable, où l'adulte sent qu'il peut perdre la main, où l'enfant paraît conquérant et dominateur. Cette phase d'opposition, qui a toujours existé, a probablement nourri la crainte des adultes de se voir débordés par les pulsions de l'enfant et leur a servi de justification pour toutes les métaphores éducatives présentant cet enfant comme un sauvageon à domestiquer, un arbre risquant de croître de travers si on ne l'élague pas et ne lui impose pas un tuteur destiné à le faire pousser « droit », etc. Dans l'éducation dite traditionnelle, il s'agis-

---

1. Voir D. Marcelli, *Les yeux dans les yeux, L'énigme du regard, op. cit.*

sait clairement de brider ces velléités d'affirmation de soi, d'obtenir que ce jeune individu « se soumette » à l'exigence de l'adulte. Cela lui était parfois directement énoncé : « Tu ne me regardes pas comme ça, tu baisses les yeux ! » Tous les secteurs de la vie, l'alimentation et la façon de se tenir à table, l'hygiène du corps et le sommeil, les jeux comme le travail scolaire, les services rendus à la maison, les relations sociales et la politesse, tout cela faisait l'objet d'un contrôle permanent des adultes, en particulier des parents, et les occasions d'interdire ceci ou cela foisonnaient. Ce style éducatif s'apparentait plus à un dressage par conditionnement qu'à une éducation proprement dite. Il n'est d'ailleurs pas sans intérêt de noter qu'à la même époque, dans les années 1930-1950, les théories du conditionnement connaissaient leurs heures de gloire dans la communauté scientifique[1]. Dans ces conditions, l'inexistence quasi complète d'autorisations, conjuguée à l'excès d'interdits, transformait l'autorité en autoritarisme, dans un climat de contrainte où la crainte et la peur dominaient largement sur les autres émotions[2].

---

1. On sait d'ailleurs aujourd'hui que, même chez les animaux, le dressage par l'interdit et la punition (conditionnement aversif) est beaucoup moins efficace que le dressage par la récompense (conditionnement opérant).

2. Dans ces conditions, et face à cet excès d'interdictions, on comprend aisément le propos de R. Spitz lorsqu'il décrit la fonction du « non » chez l'enfant et qu'il parle « d'identification à l'agresseur ». Il est incontestable que cette multiplication d'interdits réalisait une véritable « agression » des capacités développementales de l'enfant. Ce dernier n'avait guère d'autre choix, pour pouvoir s'identifier à ses parents,

Il est permis d'obéir

Les psychanalystes sont parmi les premiers à avoir dénoncé les ravages de cet excès d'interdits, de frustrations et de privations sur le développement de l'enfant. L'ouvrage d'Alice Miller, *C'est pour ton bien*[1], peut être considéré comme l'exemple même de cette critique d'une éducation « despotique ». Paru en Allemagne en 1980, traduit en français en 1983, cet ouvrage montre les ravages sur l'enfant de ce que l'auteur nomme « la pédagogie noire », une éducation où l'obéissance est radicalement confondue avec la soumission permanente de l'enfant envers ses « pédagogues ». Le but avoué est de briser toute menace de rébellion, de révolte en étouffant « dans l'œuf » le moindre début d'opposition : l'entêtement, les caprices, l'esprit frondeur, la violence des sentiments d'un enfant sont tour à tour rendus responsables des risques de dérapage éducatifs et de la nécessité d'un contrôle absolu. Ces « traités d'éducation » abondent dans le cours du XIXᵉ siècle et au début du XXᵉ, Alice Miller en cite de nombreux extraits. Ainsi, à titre d'exemple, pour un enfant refusant d'aller se coucher, il est conseillé « ... des formules sévères,

que de s'identifier également à cette composante ressentie comme agressive et intériorisée sous forme de sadisme. Cette composante ne demandait qu'à rejaillir dès que l'enfant, en grandissant, rencontrait des plus faibles que lui. La situation pourrait être tout autre quand l'interdit parental survient de temps en temps *sur un fond d'autorisations*. Le « non » de l'enfant en l'absence du parent pourrait alors avoir valeur *d'identification au protecteur*, ce qui donne à l'autorité et à l'obéissance une tout autre valeur affective !

1. A. Miller, *C'est pour ton bien. Racines de la violence dans l'éducation de l'enfant*, Aubier, 1984, 1 vol.

54

des gestes de menace, des petits coups contre le lit […], des admonestations physiques tangibles, demeurant bien évidemment légères mais réitérées à intervalles réguliers jusqu'à ce que l'enfant se calme. Que l'on applique ce type de méthode […] et l'on est *maître* de l'enfant *pour toujours*[1] ». « L'élément capital sur lequel on doit axer son effort dès le début […] est l'obéissance absolue aux parents et aux personnes responsables et l'approbation de tout ce qu'ils font […] Il faut donc, dès lors que les enfants sont capables de comprendre quelque chose, leur montrer aussi bien par la parole que par les actes qu'ils doivent se soumettre à la volonté des parents. » On imagine difficilement aujourd'hui l'extrême sévérité, pour ne pas dire violence, de ces « conseils éducatifs ».

Dans la grande majorité de ces textes, l'obéissance est complètement confondue avec la soumission, à preuve cette citation : « Un enfant qui est habitué à obéir à ses parents se soumettra sans difficultés aux lois et aux règles de la raison une fois libre et devenu son propre maître, parce qu'il aura déjà pris l'habitude de ne pas agir selon sa volonté[2]. » Il est à cet égard caractéristique que, dans la citation qui précède, l'acte et la parole soient mis sur le même plan : « leur montrer aussi bien par la parole que par les actes ». Cette confusion entre obéissance et soumission

---

1. *Ibid.*, p. 17. Les italiques de la citation sont d'A. Miller.
2. *Ibid.*, p. 25, 26. Notons que, dans les chapitres suivants, nous soutiendrons exactement le contraire : « l'art » de la « bonne éducation » est de conduire l'enfant jusqu'à ce point où il peut se sentir libre d'obéir ou de désobéir !

3

explique aussi la place privilégiée des punitions corporelles dans tous ces « traités d'éducation », sévices pudiquement nommés « admonestations physiques » dans la citation rapportée ! Certes, les chapitres consacrés aux punitions corporelles commencent tous par dire qu'il convient de ne pas en abuser, mais c'est pour mieux, ensuite, abondamment décrire ces diverses punitions et coercitions physiques ! Une telle éducation poursuit un but avoué : briser tout désir d'opposition, d'affirmation de soi chez l'enfant, mais avec le risque de le briser affectivement et même de le conduire à des comportements pathologiques, comme Alice Miller le démontre, non sans pertinence.

Ayant rencontré un succès certain, cet ouvrage ne dénonce pas seulement l'excès des interdits et de l'autoritarisme, mais aussi certaines déviations : le désir d'éduquer un enfant peut aisément dissimuler la jouissance d'un adulte à imposer ses besoins à cet enfant. « Tous les conseils pour l'éducation des enfants trahissent plus ou moins nettement des besoins de l'adulte, nombreux et divers, dont la satisfaction n'est pas nécessaire au développement de l'enfant et de ce qu'il y a de vivant en lui, et par surcroît l'entrave. Cela vaut même pour les cas où l'adulte est sincèrement persuadé d'agir dans l'intérêt de l'enfant[1]. » L'exercice d'une emprise, le plus souvent de nature sadique, de la part de l'adulte semble constituer le ressort principal, le moyen pédagogique essentiel de ce type d'éducation. Il s'agit de soumettre, de faire plier un jeune sujet dont le potentiel d'explosion et de rébellion représente une constante menace. Les adultes règnent en maîtres sur

---

1. *Ibid.*, p. 118-119.

l'enfant, qui doit apprendre qu'en toute occasion ces adultes, ses parents en particulier, ont toujours raison…

Ce pouvoir de domination de l'adulte sur l'enfant non seulement utilisait abondamment les interdits, mais il se servait aussi d'un climat émotionnel particulier destiné à remettre l'enfant « à sa place », une place évidemment inférieure, je veux parler de la moquerie et de l'humiliation. Proches l'une de l'autre, elles consistent à rabaisser l'enfant, essentiellement sur le plan moral pour la première. La seconde, l'humiliation, y ajoute souvent une menace physique obligeant l'enfant à faire acte de soumission pour se préserver[1]. Ces moqueries et humiliations, si fréquentes jadis, masquaient volontiers une forme de jouissance à interdire et à punir, jouissance par laquelle cet adulte pouvait enfin se décharger sur un autre de ses émotions négatives accumulées du temps de sa propre enfance : le cercle vicieux se refermait sur lui-même ! Alice Miller s'attache à montrer qu'une telle éducation peut engendrer chez le futur adulte, ainsi soumis dans son enfance aux excès, ce qu'elle nomme une « pédagogie noire », des systèmes de pensée extrêmement violents, ce qui a pu conduire un certain nombre d'individus sur les chemins de la révolte voire du terrorisme : « On ne s'étonnera pas d'apprendre par les statistiques que 60 % des terroristes allemands de ces dernières années sont issus de familles de pasteurs[2]. » Sans aller jusqu'à de telles extrémités, nombreux

---

1. Sur l'humiliation, voir aussi le chapitre suivant.
2. *Ibid.,* p. 84. Rappelons que cet ouvrage est écrit à la fin des années 1970, au moment où la bande à Baader et divers autres mouvements terroristes ont envahi l'Allemagne.

sont les spécialistes de l'enfance, pédagogues, psychologues, psychanalystes, à avoir insisté de façon répétée sur le rôle traumatique d'un tel autoritarisme confondu avec le principe d'autorité.

Quels étaient ces risques ? Plus de trente années de pratique en psychiatrie de l'enfant m'ont permis de constater des évolutions notables dans son comportement. On le dit peu, mais de nombreuses conduites ont sinon disparu, du moins grandement régressé. Il en va ainsi de toutes les conduites d'inhibition : timidité majeure, repli sur soi par crainte de ce que l'autre peut penser, inhibition à penser ou à fantasmer souvent douloureuse pour le sujet, pouvant aller jusqu'à des états de grave niaiserie voire même de « pseudo-débilité », peurs multiples entravant bien évidemment la capacité de l'enfant à s'éloigner des parents et à découvrir le monde : peur intense du noir, phobies de toutes sortes, peur de l'eau. Le bégaiement n'a certes pas complètement disparu, mais il est beaucoup moins fréquent de nos jours qu'il ne l'était jadis, quand on exigeait de l'enfant qu'il se taise ou qu'il parle d'emblée « correctement », c'est-à-dire comme un adulte. Il n'était pas rare que les adultes se moquent des maladresses de l'enfant, de ces achoppements de parole ou tournures de phrase imparfaites. En appeler à la honte, « tu n'as pas honte… », ou lui faire franchement honte représentait un des ressorts de ce type d'éducation. Ce sentiment de honte, très envahissant chez beaucoup d'enfants, aggravait les conduites de repli, d'inhibition, d'entrave à penser et aboutissait souvent à de graves amputations du « potentiel de développement » de l'enfant. Cette souffrance porte un nom : la névrose.

Pathologie liée à un excès de refoulement, d'enfouissement au plus profond de soi-même des pensées, des fantaisies, des désirs sur lesquels porte toujours un jugement sévère fait de méfiance et de suspicion, ce travail d'enterrement psychique résultait de la pesée d'un surmoi sévère et intangible, véritable représentant des parents, de leur regard mis à l'intérieur de soi, quasi-corps étranger qui opérait une contrainte de tous les instants, dans l'enfance comme ultérieurement. Au maximum, de graves névroses de caractère pouvaient s'installer, pathologies où le sujet éprouve cet état de suspicion et de défiance comme normal et naturel, ce qui le conduit à traiter le monde et les autres sur le même mode, reproduisant les mêmes conditions pathogènes.

Confronté à cette rigidité, à cette intransigeance, l'individu, au moment de l'adolescence puis de l'âge adulte, n'avait d'autres choix que de continuer à se soumettre à cette instance désormais intériorisée ou de se révolter. La révolte, souvent violente, déplaçait sur le monde extérieur la violence du conflit interne entre ce surmoi coercitif et une intelligence en général attisée par la découverte, à l'occasion de rencontres ou de lectures, d'aînés qui s'étaient eux aussi révoltés. Cette révolte justifiait a posteriori aux yeux des adultes, des parents et des éducateurs en général la dangerosité potentielle des enfants, ces ingrats qui n'avaient d'autre désir que de mordre dès le premier instant propice la main qui les avait nourris ! Entre adultes et enfants, la méfiance régnait.

Qu'on ne s'y trompe pas, malgré plusieurs décades consacrées à la juste dénonciation de ces méfaits, cet état d'esprit peut assez facilement « faire retour », selon l'expression préférée de certains « psys ». Un exemple ? Ce pédiatre, chantre médiatique assez célèbre dont je tairai le nom par charité, après une carrière largement fondée sur des recommandations éducatives libérales, librement inspirées par les écrits des psychanalystes d'enfants (laissez-vous guider par votre enfant, il sait mieux que vous ce qui est bon pour lui…), tourne brusquement casaque et semble se lâcher, comme s'il retrouvait enfin les vibrations de sa propre éducation : « Un enfant arrive au monde avec une force pulsionnelle qui le traverse à tout moment. Si on pense que c'est sa nature et que ça va s'arranger comme par enchantement, je dis non, non et non ! Il est donc fondamental de gérer ses pulsions. Le plus tôt est le mieux […]. Si on veut construire un barrage sur un cours d'eau, c'est plus facile près de la source que de l'embouchure […]. La position [de l'enfant] dans l'espace n'est pas dans l'égalité […] elle est dans la verticalité, il est dans la génération du dessous. Et pas question qu'il remonte[1] ! » On retrouve dans ces propos, bien que de façon atténuée, tous les poncifs les plus classiques qui ont dans les années noires de l'éducation justifié les pires dérives. Il faut commencer dès le plus jeune âge, mais commencer quoi et comment ? Prendre l'enfance à sa source comme le barrage, mais pour faire quoi ? Assécher le cours d'eau, détourner son lit, constituer une réserve d'eau, produire de l'électricité ? Selon la fonction du barrage, chacun sait qu'il convient de choisir le bon

---

1. On retrouvera les citations de cette interview intitulée « Frustrer vos enfants » dans le magazine *Elle*, n° 3246, 17 mars 2008, p. 107 et 110.

emplacement, qui n'est pas nécessairement le plus proche de la source. Je reprends cette métaphore parce qu'elle est caricaturale de ces affirmations péremptoires et autoritaires si fréquentes sur l'enfance : il faut agir le plus tôt possible, après le mal est fait ; les pulsions menacent toujours de déborder (d'où le barrage) ; l'enfant doit être au-dessous de l'adulte (sous entendu : sinon il est au-dessus, il n'y a pas d'alternative), etc. En outre, ces injonctions en tout ou rien méconnaissent habituellement la subtilité du développement de l'enfant et le fait que les attitudes éducatives doivent précisément pouvoir s'adapter aux changements dans les besoins développementaux de cet enfant. Au passage revient au galop la défiance concernant les pulsions de l'enfant ; l'adulte n'a-t-il pas lui aussi des pulsions et ces dernières ne le menacent-elles jamais de débordement ? Si j'en juge par mon expérience clinique, les débordements pulsionnels chez les adultes me semblent tout aussi fréquents, voire même plus redoutables, que ceux de l'enfant !

N'y va pas, il pourrait t'arriver quelque chose !

Le style d'éducation qu'on vient de décrire tout en le dénonçant a heureusement en grande partie disparu. Mais on rencontre toujours aujourd'hui d'autres styles éducatifs où persistent de trop nombreux interdits, aboutissant chez l'enfant à des conduites d'inhibition, de retrait, de phobie scolaire ou sociale souvent envahissantes. Cela s'observe quand les parents souffrent eux-mêmes de craintes phobiques, d'inhibitions, d'angoisses plus ou moins obsédantes pouvant aller jusqu'à des troubles obsessionnels compulsifs (TOC). Ces adultes vivent dans l'angoisse permanente d'un danger venant soit du monde extérieur, soit du monde interne. Ces familles craintives trouvent une ample justification à leurs émotions négatives au travers de la lecture, de l'écoute et de la vision des multiples violences et horreurs que journaux, radios, télévisions et Internet colportent à foison : le monde est devenu un village où tout est susceptible de se produire sur le pas de sa propre porte. Pour ces parents, protéger leur enfant des dangers, de la violence et de la méchanceté du monde devient le but éducatif premier. Vivant eux-mêmes dans la crainte et l'évitement, ces adultes n'imaginent pas un instant pouvoir donner à leur enfant des compétences qui lui permettraient d'affronter ces éventuelles difficultés ; ils ne savent recourir qu'aux stratégies d'évitement ou de repli, lesquelles commencent souvent par interdire. À titre d'exemple, au square, certains parents, à la moindre alerte, souvent plus imaginaire que réelle, exhortent l'enfant à revenir près d'eux. « Non, ne va pas là... ne t'éloigne pas... où vas-tu, reviens... reste là. » À peine l'enfant a-t-il fait quelques pas, qu'on lui demande déjà de s'arrêter, de ne pas continuer[1]. Lorsque ce genre de recommandation se répète, lorsque le moindre éloignement de la figure d'attachement déclenche des rappels sur un ton facilement inquiet, l'enfant apprend vite que l'éloignement est dangereux, que le monde est certainement plein de dangers et qu'il est préférable de rester juste à côté du parent pour ne

---

1. Voir, à propos de l'exemple du square, les développements au chapitre 6, p. 167.

pas encourir ces risques. L'angoisse de séparation se caractérise par la conviction qu'une catastrophe risque de se produire au cours de cette séparation, mettant en péril la vie ou la santé de la personne chère et empêchant de la retrouver dans son état initial : accident de la circulation, catastrophe naturelle, enlèvement, viol, agressions diverses, tout est possible, tout est à redouter quand on s'éloigne l'un de l'autre. Tous les intermédiaires existent, certes, entre la phobie scolaire grave confinant l'enfant sous le toit familial, incapable de sortir sans la protection de l'un ou l'autre parent, et l'enfant inquiet simplement d'entrer dans une boulangerie et incapable d'adresser la parole à un « étranger ». Pendant l'enfance, ce besoin de proximité peut laisser croire aux parents que l'enfant est protégé. Mais ces angoisses de séparation ont des effets particulièrement délétères sur le développement lors de l'adolescence, à l'âge où, précisément, le jeune doit pouvoir s'éloigner de ses parents sans trop de crainte pour aller vers la société, vers le groupe des pairs. Le malaise intense que ressentent ces jeunes quand ils s'éloignent de la protection parentale les rend maladroits, peu à l'aise dans le groupe des copains ou copines et vulnérables aux propos de leurs camarades : ils se font vite repérer et peuvent être rapidement l'objet de moqueries, et même de conduites de harcèlement[1].

Reprenons l'exemple de l'« étranger » parce qu'il illustre on ne peut mieux notre propos. Il est judicieux d'apprendre à un enfant qu'il ne faut pas répondre aux propositions

---

1. Voir sur ce thème N. Catheline, *Harcèlements à l'école*, Albin Michel, 2008.

d'un adulte inconnu qui s'approche de lui et engage la conversation, surtout s'il lui propose bonbons, promenade, ou autres cadeaux. C'est la stratégie habituelle d'engagement relationnel des pédophiles : il est donc souhaitable d'informer les enfants et de leur apprendre à ne pas répondre à ce genre de sollicitations. Pour autant, tous les adultes sont-ils des pédophiles ? Assurément non ! Aussi est-il tout aussi souhaitable d'apprendre à un enfant qu'il peut s'adresser directement à un adulte quand il s'est fait mal, qu'on l'ennuie, que quelqu'un semble le menacer ; il peut entrer dans un magasin et demander du secours, l'adulte l'aidera dans l'immense majorité des cas, pour ne pas dire toujours. Quand un enfant s'adresse à un adulte, celui-ci a le souci de l'aider et il est peu probable qu'il tombe sur un pédophile ! Beaucoup de parents s'en tiennent à la première version : les inconnus sont dangereux ! Ce type de recommandation, s'il peut dans l'absolu protéger l'enfant, risque surtout de l'entraver, de le rendre craintif à l'excès et d'aboutir à une représentation du monde où, précisément, l'étranger représente un danger systématique… Ce n'est pas nécessairement ce qui est le plus susceptible de lui permettre de vivre en étant épanoui !

Les craintes ne concernent pas uniquement les personnes, elles peuvent aussi impliquer les objets, les lieux, les situations, les maladies, les microbes ou virus, les aliments, etc. Tout peut devenir dangereux et néfaste, même l'eau et le soleil ! S'il est bon d'avertir un enfant des principaux dangers et risques, il est tout aussi essentiel de lui fournir des clefs de compréhension, des moyens de discernement et de défense ou de protection pour ne pas basculer dans ces attitudes extrêmes de repli, de fuite ou d'évitement systématique. Quand des parents souffrent de ce genre d'inhibition, qu'il s'agisse de manifestations phobiques ou de symptômes de type obsessionnel, je les encourage à prendre conscience de l'entrave que ces inhibitions ont réalisée sur leur vie, sur leur épanouissement, sur leur potentiel de développement. La très grande majorité des parents n'ont qu'un désir : permettre à leur(s) enfant(s) de ne pas souffrir des mêmes amputations affectives, relationnelles ou sociales. Ils peuvent y parvenir en autorisant l'enfant à partager des expériences avec d'autres adultes, en lui permettant d'acquérir d'autres points de repère. Mais, hélas, tous n'arrivent pas à faire ainsi « confiance » à d'autres éducateurs, cette délégation leur semble impossible à accorder, trop dangereuse et demandant un effort insurmontable.

L'enfance : l'intériorisation des interdits

Pour les enfants, quels sont les résultats de ce type d'éducation ? Les parents sont toujours des modèles pour l'identification : celle-ci se « dépose » dans le psychisme de l'enfant sous la forme bien connue de l'idéal du moi et du surmoi. Sigmund Freud a d'abord décrit l'idéal du moi : en effet, l'enfant idéalise ses parents et, en retour, il est un objet d'idéalisation pour ces derniers, de même qu'il cherche à être à la hauteur de ce que ses parents attendent de lui, du moins de ce qu'il imagine qu'ils attendent. Facile à repérer chez l'adulte et plus encore l'adolescent, Freud montrera ensuite que cette instance se dégage en fait progressivement du surmoi, lequel « est l'héritier du complexe d'Œdipe », selon son célèbre aphorisme. Si l'idéal du moi représente plus un guide, un objectif à atteindre et sert de fil d'Ariane à la vie de chacun, le surmoi, quant à lui, fonctionne essentiellement comme un juge, un regard intériorisé sur soi-même, disant ce qu'il convient ou non de faire. Cette « voix de la conscience morale » pèse sur le sujet qui a le choix soit d'y obéir, soit d'y désobéir. De quoi est composé ce surmoi ? Des interdits des parents, c'est évident, mais pas seulement et pas principalement. En effet, le surmoi de l'enfant se constitue aussi largement par identification aux parents, à leur surmoi. L'enfant obéit aux commandements parentaux, ordres et interdictions, mais il a aussi des yeux et des oreilles : il regarde et écoute ce que font ses parents. Tant qu'il reste enfant, si les parents ne se conforment pas exactement à ce qu'ils exigent de leur enfant, ce dernier met cet écart sur le compte de son statut d'enfant : il y a des choses interdites aux enfants que les adultes ont le droit de faire. Effectivement, les relations sexuelles sont le privilège des adultes et des parents en particulier. L'enfant, d'une certaine manière, est « protégé » par son immaturité sexuelle qui l'empêche de faire « la chose » : la différence de statut pubertaire est là comme pour mieux estampiller la réalité de la différence entre adultes et enfant. Pour autant, dans la vie de tous les jours, il y a une infinité de choses que les adultes comme les enfants peuvent faire ou ne pas faire : les yeux et les oreilles de l'enfant ne cessent de procéder à des comparaisons, mais ces dernières restent silencieuses et latentes pendant la durée de l'enfance. Quand les parents se montrent régulièrement interdicteurs, on comprend aisément que les enfants intériorisent ces interdits, mais ils intériorisent aussi le modèle de comportement parental. Moins il y a d'écart entre ce que disent et ce que font les parents, plus le surmoi de l'enfant sera consistant, intransigeant voire rigide. Plus l'écart entre ce que disent les parents et ce qu'ils font est important, moins ce surmoi sera cohérent et consistant. Que peut-on en déduire pour les modèles éducatifs que l'on vient de décrire ? Quand les parents multiplient les interdits dans un climat de rigidité extrême avec des exigences de soumission parfois teintées de sadisme, le surmoi enfantin intériorise cette rigidité inflexible, cet autoritarisme intransigeant. Les enfants n'ont alors d'autre possibilité que de s'y soumettre. Mais avec l'adolescence, l'âge où le jeune cherche à s'autoriser lui-même comme nous l'avons dit, vient le temps de la confrontation à l'écart interne entre les paroles interdictrices et les conduites parentales, elles-mêmes respectueuses ou non de ces interdits. Si le comportement des parents est conforme à leurs propos, ces jeunes développent souvent un surmoi très sévère, particulièrement intransigeant auquel il faut se soumettre sans discuter. Les diverses formes d'inhibitions décrites au début de ce chapitre en sont le prix. Plus l'écart est grand, plus l'adolescent perçoit ces failles qui sont autant d'occasions de se rebeller contre ce surmoi intransigeant, plus aussi il risque de s'identifier à la composante sadique souvent associée à ces interdits. Ceci explique probablement pourquoi on retrouve souvent, dans l'enfance des idéologues prônant la révolte ou la révolution, une éducation de ce type, comme Alice Miller l'a bien souligné, et pourquoi leur vie familiale et leur comportement de parent sont souvent l'exacte antithèse de leur position théorique et dogmatique. L'adolescence est l'âge où le jeune, tout en contestant vigoureusement le discours et les valeurs parentales telles qu'elles sont énoncées, s'identifie fréquemment aux attitudes et à la manière d'être de ces mêmes parents. Enfin, quand les parents se montrent eux-mêmes très inhibés, craintifs et repliés, quand ils semblent vivre avec l'idée d'un monde dangereux et violent, l'adolescence ne fait souvent que renforcer ces traits de caractère dans la mesure où ces jeunes éprouvent les plus grandes difficultés à trouver facilement leur place et leur rôle dans le groupe des pairs. Ces adolescents développent souvent des traits de caractère phobiques, des comportements d'évitement, toutes manifestations qui amputent leur potentiel de développement et sont source d'une grande souffrance psychologique.

3

Ce qui advient
quand il y a trop de soumission

La soumission est affaire de gestes, plus précisément de postures. Dans le monde animal, ces postures caractérisent les relations dominants-dominés : quand deux congénères engagent un combat, quel qu'en soit le motif, cette lutte peut être très violente, mais elle s'arrête dès que l'un des deux adopte une posture de soumission. Celle-ci consiste en général à « offrir » au vainqueur une partie vulnérable du corps, telle que la gorge, ou à adopter une attitude d'offrande sexuelle en montrant les parties génitales. Ces différentes postures de soumission sont spécifiques de chaque espèce animale ; elles ont plusieurs fonctions mais, en particulier, celle d'inhiber le comportement d'agression chez le vainqueur. Après avoir pris cette posture, le perdant s'éloigne ensuite dans une attitude d'évidente soumission : tête baissée, échine pliée, oreilles abaissées, pattes en demi-flexion, etc. Ces combats se produisent entre deux mâles pour la possession d'une femelle ou entre deux individus pour de la nourriture, parfois encore pour des questions de territoire et d'occupation d'un lieu privilégié. Le rapport dominant-dominé n'est pas fixé d'avance et dépend de l'issue du combat. On notera que ces postures de soumission consistent, soit en un comportement d'abaissement au sens propre du terme, l'animal se faisant « le plus petit » possible, soit en une attitude de proposition sexuelle, ce qu'on pourrait traduire dans un langage plus anthropomorphe comme une attitude de séduction pour faire cesser l'agression du congénère. Parmi les primates supérieurs, nos proches cousins, chaque espèce a privilégié certaines de ces postures qui, avec les contacts affiliatifs tels que l'étreinte, l'agrippement ou le baiser de la bouche, font partie des modes de communication caractéristiques. On les observe dans des conditions bien précises, toujours en présence d'un autre congénère. Elles correspondent à des éléments de la réalité sociale et participent au maintien de la cohésion du groupe. Contrairement aux combats dont l'issue s'avère toujours incertaine, dépendant non seulement de la force respective des deux combattants mais aussi des alliances ponctuelles entre plusieurs membres (de telle sorte qu'un plus faible peut l'emporter sur un plus fort grâce à une alliance avec un troisième), les rapports sociaux réguliers sont fixés d'avance : l'animal dominant n'adoptera jamais une posture de soumission envers celui qu'il domine, de même que le dominé fait toujours preuve d'un comportement de soumission envers le dominant. À titre d'exemple, chez le chimpanzé, « l'individu dominé s'approche du dominant en émettant une vocalisation haletante spécifique. Ce faisant, il adopte une attitude qui l'oblige à lever les yeux vers son partenaire. Dans la plupart des cas, il effectue une série de profondes révérences, répétées à un rythme rapide et qui deviennent ainsi de véritables courbettes[1] ». Cette attitude est indispensable pour que le dominé puisse s'approcher du dominant sans déclencher un comportement agressif et surtout pour obtenir de ce dernier certains privilèges, comme l'accès à des ressources alimentaires limitées. Ces comportements permettent certes une relative stabilité du groupe social, mais ils sont cependant assez coûteux en énergie puisque régulièrement le dominant doit répondre aux engagements de combat d'un autre congénère. « Si un subordonné sort de plus en plus souvent vainqueur de situations de conflit [...] la position de l'individu dominant devient instable. Ainsi [...] un mâle cessa un jour de se soumettre au mâle dominant du groupe. Cette insubordination précéda de peu une série de combats aboutissant à la prise de pouvoir par l'ancien dominé[2]. »

Concernant les petits, ils peuvent en général s'approcher de leurs parents, mère ou père, sans risquer de déclencher des attitudes de menace. Avec les autres adultes du groupe, leur position hiérarchique dépend en général de celle de leur mère. Si celle-ci est la femelle du dominant, les petits peuvent sans risque s'approcher des autres adultes. Si la femelle est d'un rang inférieur, les petits peuvent provoquer des attitudes de menace de la part d'un mâle dominant quand ils s'en approchent. C'est moins vrai pour les femelles quel que soit leur rang : un petit d'une mère de

---

1. F. de Waals et B. Thierry, « Les antécédents de la morale chez les singes », in *Aux origines de l'humanité,* sous la direction de P. Picq et Y. Coppens, Fayard, 2002, tome 2, p. 436.
2. *Ibid.*, p. 438.

rang inférieur peut s'approcher plus facilement d'une femelle de rang supérieur sans déclencher des attitudes de menace. Le règlement des conflits entre congénères sur le mode dominant-dominé, la posture de soumission permettant que cesse l'agressivité sont très caractéristiques des chimpanzés. Mais ce n'est pas le seul mode de résolution des tensions de groupe chez les primates. Les bonobos utilisent un tout autre mode de résolution des conflits, centré sur la proposition sexuelle ! Ainsi une femelle désireuse de partager des aliments de choix (feuilles de gingembre) avec un mâle qui lui est hostile « s'approcha de lui et frotta sa tumescence génitale contre son épaule, ce qu'il accepta. Après quoi elle fut autorisée à se joindre au groupe et tous festoyèrent paisiblement[1]... ». Les contacts de nature sexuelle sont extrêmement fréquents chez les bonobos et la majorité des conflits se résolvent de cette manière. D'ailleurs, la hiérarchie dans les groupes ne repose pas sur le mâle le plus fort mais sur la femelle la plus ancienne, et le niveau hiérarchique des mâles dépend de celui de leur mère. En un mot, chez les bonobos la séduction par l'offrande sexuelle semble constituer un moyen bien plus efficace que l'utilisation de la force pour apaiser le congénère.

Revenons aux êtres humains ! Pour comprendre la place de la soumission dans les relations humaines, il convient de garder en mémoire les deux registres où celle-ci se manifeste, l'usage de la force et celui de la séduction. En effet, la soumission peut être une réponse à la force physique,

---

1. F. de Waals, *Le Singe en nous*, Fayard, 2005, p. 130.

qu'il s'agisse de son expression directe ou d'une simple menace. C'est l'exemple même de la soumission, celle à laquelle on pense en premier, celle qui caractérise les possibles rapports entre deux personnes de même sexe, l'un plus fort et l'autre plus faible, entre un homme et une femme ou un adulte et un enfant. Mais la séduction peut aussi entraîner la soumission, stratégie relationnelle volontiers adoptée par le plus faible pour obtenir du plus fort, non seulement le renoncement à l'usage de sa force, mais parfois plus encore pour que le plus faible puisse parvenir à ses fins et « triompher » du plus fort[1]. Généralement plus faibles que les adultes, les enfants sont en situation potentielle d'être « naturellement » soumis par la force. Mais ils peuvent aussi être l'objet de la séduction d'un adulte et s'y soumettre. Cette relation de séduction entre un enfant et un adulte est d'autant moins exceptionnelle qu'un enfant représente aussi pour un adulte un incontestable « objet de séduction » : il y a dans tout bébé, petit enfant ou enfant d'âge moyen quelque chose susceptible d'éveiller chez un adulte des émotions complexes : tendresse, nostalgie, besoin de protection, réaction d'envie face à cette « jeunesse », etc. La soumission doit donc être comprise comme le résultat d'une relation sociale complexe qui ne se réduit pas au seul usage de la force « brute ».

---

1. Voir sur ce thème mon ouvrage : *La Surprise, chatouille de l'âme*, Albin Michel, 2000.

Comment advient l'humiliation

Par rapport au monde animal, la soumission humaine présente d'évidentes singularités. La première et la plus importante provient du fait que la soumission n'a pas impérativement besoin d'un contexte réel et manifeste pour s'exprimer : l'être humain peut « se soumettre » à l'idée de la force ou de la grandeur. La présence physique constante d'un plus fort n'est nullement nécessaire pour déclencher une attitude de soumission chez l'être humain : il lui suffit de penser à celui qui serait plus fort, plus grand. L'idée de Dieu est celle qui précisément suscite des attitudes de soumission. Très éclairantes pourraient être les postures de prières des trois grandes religions monothéistes, telles qu'elles se sont dégagées progressivement au cours des siècles dans une pratique religieuse où se trouvent confondues, non seulement l'idée du dieu imploré, mais aussi une pratique sociale en prise directe avec l'époque et le contexte culturel. Les juifs prient en courbant le dos. Les chrétiens prient en s'agenouillant. Les musulmans prient en position génupectorale. C'est un peu comme si chaque nouvelle religion monothéiste avait voulu montrer, par cette position de plus en plus soumise, que son dieu était plus puissant et plus important que celui de la religion précédente : à chaque fois, le croyant doit adopter une posture de soumission plus importante que celle liée à la précédente croyance ! Bien évidemment, en faisant ainsi « acte de soumission », le croyant témoigne de son sentiment de petitesse par rapport à l'infinie grandeur de son dieu.

Cependant, le croyant ne se soumet pas à un objet réel mais seulement à une idée. Il conserve d'une part la liberté d'engager ou non cette posture en dehors de toute menace concrète, d'autre part la liberté de choisir celle qui lui convient en optant pour telle ou telle croyance. Si on devait trouver une justification à l'idée de grandeur divine, ce serait assurément celle de laisser l'être humain libre de sa croyance ! Si, en acceptant de se soumettre à une idée et pas seulement à un fait réel, l'être humain découvre la condition d'une certaine liberté, en même temps, l'idée, la représentation imaginaire risque de devenir un enjeu majeur de soumission dans les rapports entre les êtres humains. Sans même nous référer ici à l'idée de la croyance religieuse, dans le domaine de l'éducation, enfants comme parents sont régulièrement appelés à se soumettre à l'idée de « père » ou celle de « mère ». Tout parent, en effet, a en tête une idée de ce que c'est qu'être un « père » ou une « mère », ce qu'on a pu appeler une « imago » ou plus simplement l'« image intrapsychique du père ou de la mère ». Les exigences éducatives d'un adulte devenu parent dépendent très largement de cette idée et le concept de parentalité répond en grande partie à ce travail psychique de remémoration pour partie conscient, mais aussi en grande partie inconscient. Cette image est, bien entendu, issue de l'histoire d'enfance de cet adulte, histoire où se trouvent mêlés sa problématique œdipienne et le surmoi qui en résulte, de même que l'histoire transgénérationnelle de cette famille avec le surmoi de ses propres parents.

Une seconde singularité des attitudes de soumission chez les humains tient au fait que, contrairement à ce qu'on observe dans le monde animal, elles n'ont pas le pouvoir « naturel » de faire cesser les actes d'agression de celui qui est en position de dominant. Au contraire même, il n'est pas exceptionnel que les postures de soumission de la victime ne fassent que renforcer les comportements violents de l'agresseur ! Ceci témoigne du fait qu'au-delà du rapport dominant-dominé, comme on l'observe dans le monde animal, dans les relations entre humains s'interpose précisément une idée ou, pour être plus précis, un fantasme de scénario imaginaire qui active ces séquences relationnelles au moins autant, sinon plus, que la réalité objective de l'interaction avec les postures respectives des uns et des autres. À ce point précis, on sort du régime de l'instinct pour entrer dans celui des pulsions ! Quand un adulte se comporte de façon violente à l'égard d'un enfant ou le menace, ce comportement peut parfois répondre à une attitude objectivement inappropriée de l'enfant qui bouscule, agresse, mord ou griffe l'adulte. Même si ce type de réponse de la part de l'adulte n'est pas acceptable, reconnaissons que ce comportement en termes « éthologiques » se rapproche de ce qu'on observe chez nos cousins les primates. En revanche, dans l'immense majorité des cas, le comportement agressif ou agressivement autoritaire d'un adulte envers un enfant ne correspond pas au fait d'avoir été objectivement agressé ou menacé. Au minimum, l'enfant importune l'adulte par ses cris, ses jeux, lequel ainsi dérangé réagit par une attitude « autoritaire » parfois violente. Au pire, le comportement de l'enfant éveille des émotions négatives chez l'adulte parce que ce comportement ne correspond pas à l'idée de « père » ou de « mère » que cet adulte porte en lui. Il se sent « bafoué » dans sa fonction parentale et c'est à ce sentiment de non-reconnaissance qu'il va réagir, le plus souvent d'une manière autoritaire et agressive, pour obtenir que cet enfant « se soumette » lui aussi à cette idée. Le fil unissant la position d'enfant à celle de parent et qui permet d'en comprendre la continuité porte un nom : l'humiliation[1]. En effet, le parent ainsi « bafoué » se sent humilié dans sa position de parent, blessure d'amour-propre en lien avec le sentiment de ne pas être reconnu dans son statut de parent par celui dont c'est précisément la fonction : son enfant. Le parent a le sentiment que cet enfant refuse de le reconnaître comme « père » ou « mère », ce qui déclenche un affect inconscient d'humiliation et un éprouvé conscient d'irritation. L'adulte adopte alors une attitude de menace autoritaire pour que, tout comme lui jadis, cet enfant aujourd'hui se soumette à cette idée. Mais la position de soumission craintive de celui-ci réveille en lui ses propres souvenirs d'enfant, contraint de se soumettre et humilié. Cette collusion entre la scène actuelle et la scène ancienne suscite un retour en force de cet affect d'humiliation dont l'adulte cherche alors à se débarrasser rageusement : plus l'enfant semble se soumettre, plus la rage agressive de l'adulte devient envahissante. Face à ce véritable « déchaînement » (mot à entendre quasiment au pied de la lettre : dans l'adulte, cet affect soigneusement refoulé se libère), l'enfant éprouve une grande terreur, marquée par une crainte d'anéantissement et un vécu majeur d'humiliation,

---

1. Sur l'humiliation, voir aussi le chapitre précédent, p. 57.

d'écrasement, d'avilissement devant cette menace d'être anéanti. Ainsi se réalise une projection d'émotions négatives, l'adulte se débarrassant temporairement de cet affect d'humiliation en le projetant sur l'enfant. Mais dès que cette relation agressive s'achève, il est aussitôt envahi lui-même par un éprouvé de honte intense, honte qui représente la trace consciente de ce violent mouvement de projection[1]. Toutefois, cette honte ne fait qu'accentuer le besoin de refoulement du sentiment d'humiliation, réalisant ainsi un véritable cercle vicieux. Heureusement, l'inconscient n'est pas toujours aussi fermement verrouillé : certains adultes peuvent prendre peu à peu conscience de ces mouvements affectifs envahissants et délétères. Ils s'arrangent alors pour éviter tout conflit et éviter d'avoir à adopter la moindre position d'autorité, confondue aussitôt avec l'autoritarisme dont ils ont souffert dans leur enfance. Il peut paraître paradoxal que ces parents, victimes dans leur enfance de l'autoritarisme de leurs propres parents, soient à nouveau victimes des exigences souvent autoritaires de leurs enfants[2] ! Mais, précisément, l'inconscient a plus d'un tour dans son sac : les

---

1. Dans un travail déjà ancien, S. Fraiberg avait très précisément décrit ces divers mouvements émotionnels qui conduisent certains adultes à reproduire avec leurs proches les conditions qui les ont fait souffrir dans leur propre enfance. On pourra lire sur ce thème : « Fantômes dans la chambre d'enfants », *Psychiatrie de l'enfant*, 1983, 26, 1, p. 57-98. Repris dans l'ouvrage collectif : S. Fraiberg, *Fantômes dans la chambre d'enfants*, PUF, 1999.

2. Les parents de Fabrice sont un peu dans cette position, surtout la mère. Voir le chapitre 1, p. 34.

conflits qui n'ont pu être élaborés par une génération se répètent volontiers à la génération suivante. Tout ce qui tourne autour de l'autorité, parce que cela mobilise l'image de la fonction parentale, est un vecteur privilégié de cette répétition transgénérationnelle. Heureusement encore, ce cercle vicieux émotionnel n'a pas toujours la même intensité et de nombreux adultes, lorsqu'ils commencent à éprouver confusément ces émotions négatives, s'éloignent de l'enfant, demandent à un tiers d'intervenir à leur place, essaient de mettre des mots sur ces émotions, suspendent leurs gestes…

Pourquoi cette longue digression concernant l'humiliation ? Parce que c'est une émotion très souvent rencontrée dans ces attitudes éducatives d'autoritarisme excessif. L'humiliation représente le maillon qui explique le lien entre l'attitude autoritaire et le comportement agressif, violent ou impulsif. Elle constitue un véritable poison relationnel qui rend compte en grande partie des processus de répétitions transgénérationnelles qu'on observe assez fréquemment. Les traces indélébiles laissées par cette humiliation expliquent aussi pourquoi celui qui revendique d'exercer l'autorité devient insensible aux conséquences de ses actes sur ceux qui doivent s'y soumettre. Plus l'autre en se soumettant paraît humilié, plus au contraire l'acteur autoritaire peut se sentir soulagé du poids de l'ancienne humiliation et éprouver une véritable jouissance libératrice… Il n'y a pas de justification plus perverse de la morale ! Dans un ouvrage collectif déjà ancien, *La Personnalité autoritaire*, Teodor Adorno, Else Frenkel-Brunswick, Daniel Levinson et Nevitt Stanford avaient bien montré les effets d'une éducation rigide marquée par des attitudes dominatrices et répressives, caractérisée par une relation hiérarchique très inégalitaire entre parents et enfants où l'accent était mis sur l'imposition froide et inaffective des règles. Ainsi que le précise Marcel Gauchet, ce type de famille « engendre une grande ambivalence chez l'enfant, superficiellement identifié à ses parents, spécialement au père, mais en profondeur plein de haine pour lui et d'hostilité envers l'autorité[1] ». Le clivage caractérise ce type de personnalité avec d'un côté ce qui est bon (ou bien) et de l'autre ce qui est mauvais (ou mal), un jugement sans nuance et une profonde insensibilité à tout ce qui est différent, sur lequel sont projetés haine et mépris. C'est aussi ce que retrouve Stanley Milgram dans une célèbre expérience relatée dans son ouvrage *Soumission à l'autorité*[2]. Dans cette expérience, présentée comme très importante, il est demandé à des expérimentateurs d'infliger des décharges électriques quand un agent ne répond pas correctement à ce qu'il doit faire, décharges censées lui permettre de mieux corriger ses erreurs. Milgram montre que certains expérimentateurs, exhortés par le chercheur, et bien que sachant les effets dangereux du courant administré, continuent à augmenter l'intensité des décharges jusqu'à un niveau potentiellement mortel pour obtenir une

---

1. M. Gauchet, « Esquisse d'une histoire des critiques de l'autorité », in *Conditions de l'éducation*, M. C. Blais, M. Gauchet, D. Ottavi, Stock, Paris, 2008, p. 208.

2. S. Milgram, *Soumission à l'autorité. Un point de vue expérimental*, Calmann-Lévy, 1974.

« bonne » réponse de l'agent, lequel à chaque fois simule une douleur. L'auteur en conclut que certains sujets supposés autonomes peuvent se montrer soumis à l'autorité des « savants », surtout quand ils ont reçu un type d'éducation où la soumission à l'adulte représente la valeur suprême[1]. « Cette éducation fabrique une personnalité faible et dépendante, extérieurement soumise et intérieurement dominée par des pulsions haineuses et meurtrières[2]. » Ces travaux datent des années 1950-1970. Ils dénonçaient le rôle néfaste de l'autorité alors qu'il s'agissait en réalité de ses excès, véritables abus d'autorité, ce qu'on nommerait plus volontiers aujourd'hui autoritarisme. Il n'en reste pas moins que cet abus d'autorité, cet autoritarisme est particulièrement nocif pour le bon développement affectif, mais aussi moral, d'un enfant, surtout quand la violence et la contrainte par la force viennent s'y ajouter.

Quelles sont les conséquences d'un usage excessif de la contrainte physique associé à des attitudes autoritaires du temps de l'enfance ? Si, dans la toute petite enfance, il n'y a évidemment pas de problème concernant l'autorité, c'est avec la période d'opposition que des difficultés apparaissent. Devant les attitudes d'opposition du jeune enfant, le parent est, en effet, directement interpellé dans son « image de parent ». Sa réaction va dépendre tout autant du comportement observable chez l'enfant que du poids

---

1. On peut rappeler ici la citation extraite de l'ouvrage d'A. Miller : « l'obéissance absolue aux parents et aux personnes responsables et l'approbation de tout ce qu'ils font », voir p. 54.

2. M. Gauchet, *op. cit.*, p. 210.

inconscient exercé par l'exigence de soumission à cette
« image de père ou de mère » que cet adulte porte en lui.
La force et la violence peuvent alors être utilisées pour soumettre ce « petit rebelle », ce qu'un adulte peut toujours
obtenir d'un enfant. Mais dès que ce parent objet de
crainte aura le dos tourné, l'enfant risque de se défouler à
la première occasion venue. C'est souvent l'école qui alerte
les parents devant des comportements difficiles, des relations sociales avec les autres enfants assez agressives. Un
retard dans les apprentissages scolaires apparaît dès la
grande section de maternelle et plus encore au CP, avec le
risque d'un redoublement. Le comportement à la maison
dépend de la sévérité parentale : certains enfants « filent
doux » et les parents ne comprennent pas les demandes de
l'école. D'autres enfants se montrent opposants, facilement
coléreux à la maison surtout quand les deux parents n'ont
pas exactement les mêmes attitudes éducatives (l'un est
autoritaire, l'autre indifférent ou laxiste) ou encore quand
ils fluctuent dans leurs positions. Enfin et surtout, en grandissant, ces enfants ne comprennent que la soumission par
la force et n'ont aucune idée de ce que peut être l'obéissance : plus ils grandissent, plus le recours à la contrainte
physique risque d'être le seul mode relationnel susceptible
d'être compris. Ils s'enferment ainsi dans un cercle vicieux.

Voici l'exemple d'une courte séquence relationnelle dans
laquelle je me suis trouvé impliqué avec Thomas, un garçon de 8 ans, dans le centre médico-psychologique où je
travaille. Thomas vit dans une famille difficile, avec des
parents rigides, impulsifs et facilement maltraitants. Un
autre enfant de la fratrie a déjà fait l'objet d'une mesure de

protection par signalement auprès du juge des mineurs et ceux qui s'occupent de Thomas se demandent s'ils ne devraient pas faire de même pour lui. Thomas attend ses parents qui doivent le récupérer après une séance de psychomotricité. Ils sont en retard et Thomas tente de tromper le temps : incapable de rester dans la salle d'attente (pourtant agréable, avec des jeux et des livres plaisants : mais Thomas ne peut probablement pas s'occuper seul tranquillement !), il interrompt les secrétaires, fouille dans les papiers sur leur bureau, les empêche de travailler. Quand il sort de leur secrétariat c'est pour se précipiter à l'extérieur ou pour lancer des cailloux dans le hall d'entrée, si bien qu'elles doivent courir pour le rattraper... C'est un mercredi après-midi, il y a beaucoup de monde et de va-et-vient. Finissant une consultation et sortant de mon bureau, je vois les deux secrétaires, bien que très patientes et habituées à veiller sur les enfants, fort mécontentes et passablement débordées. Je m'adresse alors à Thomas, dont je ne m'occupe pas directement mais que j'ai déjà croisé à quelques reprises. Je lui demande sur un ton calme et ferme de rester dans la salle d'attente juste à côté parce que les secrétaires ont du travail et lui précise qu'on va venir le chercher dans peu de temps. Il me regarde alors dans les yeux avec un demi-sourire mais le front plissé, se recule et me dit en faisant non de la tête : « Attrape-moi ! », prêt à engager une course-poursuite. Bien que pédopsychiatre expérimenté, du moins c'est ce que je crois, je ne peux m'empêcher de ressentir dans l'instant de cette interaction une attitude de défi de la part de Thomas, avec une dimension de moquerie (son petit sourire en coin) et un fugace sentiment d'être bafoué dans mon autorité dont la trace est un affect d'irritation qui m'envahit… Il est rare que j'intervienne de la sorte mais, généralement, quand je suis amené à le faire, les enfants « obéissent » assez facilement. Identifiant rapidement ces émotions, je m'accroupis pour être à sa hauteur : « Non, je n'ai pas l'intention de te courir après ni de te faire du mal ! Je veux que tu viennes avec moi dans la salle d'attente. » Finalement, Thomas se laisse prendre par le bras (pas par la main qu'il refuse de donner) et reste quelques brèves minutes dans la salle. Heureusement, on vient alors le chercher. Cette séquence est caricaturale : Thomas ne sait pas obéir, il ne connaît que la contrainte physique et la soumission. Au travers de son jeu provocateur « Attrape-moi », il dit implicitement à l'interlocuteur en position d'autorité : « Je ne me rendrai que par la contrainte si tu cours plus vite que moi ! » Il refuse aussi de « donner la main » et il faut lui « prendre le bras », différence subtile mais évidente entre l'obéissance et la soumission. Il est vrai que le sourire et le regard dans les yeux donnent à l'adulte le sentiment d'une provocation avec le risque d'une escalade dans la répression. Mais il faut prendre aussi en compte le front plissé qui témoigne de l'inquiétude, peut-être même de la peur. Il faut aussi prendre en compte dans l'interjection « Attrape-moi » un probable désir latent qu'on s'occupe de lui. D'ailleurs, en m'accroupissant, donc en me mettant à sa hauteur, donc en n'étant pas menaçant, Thomas s'est laissé « attraper » sans difficulté, il s'est même rapproché de moi ! Au fond, par cette provocation, Thomas obtenait qu'un adulte s'occupe de lui mais il ne savait formuler cette demande que dans un registre de provocation et d'escalade dans la contrainte, son style relationnel habituel. Il est à craindre que dans la vie quotidienne l'escalade des « passages à l'acte » soit fréquente.

Autre exemple en consultation : la maman de William déclare « adorer les bébés », mais elle se décrit aussi comme assez irritable, facilement impulsive, se mettant vite en colère, ayant « la main leste » et ne supportant pas ce qu'elle décrit comme étant des provocations de la part de son fils, dès qu'il a commencé à grandir. Pendant l'entretien, elle parle fort et semble sur le point de s'emporter dès que l'interlocuteur lui demande une précision ou ne partage pas le même avis. Elle vient sur la pression de l'école car William, 7 ans, est turbulent, agité, et n'arrive pas à se concentrer sur une tâche. L'enseignante le décrit comme un enfant grossier, coléreux, perturbant les autres, inattentif, refusant de travailler. Il est en échec d'apprentissage de la lecture et de l'écriture, un redoublement du CP est envisagé. À la maison, William refuse de faire son travail scolaire. Les crises de colère sont fréquentes, presque quotidiennes : il s'agite, donne des coups de pied dans la table, les portes et les murs. La crise se termine par une claque donnée par la mère, laquelle lui dit : « Comme ça, tu sais pourquoi tu pleures. » Ensuite, William demande pardon et se montre « très gentil ». La mère a les larmes aux yeux en évoquant cela. En dehors de ces troubles du comportement et des difficultés d'attention à l'école, la maman note que William ne joue qu'avec des enfants agités, opposants et violents. Il se bagarre souvent avec les autres, n'a pas vraiment d'amis. Enfin, il a d'importantes difficultés d'endormissement, apparues dès la petite enfance. William refusait de s'endormir seul, puis sont survenus des réveils nocturnes importants. Un « sirop » lui a été prescrit vers 2-3 ans, ce qui a atténué un peu ses difficultés de sommeil, mais les troubles du comportement ont commencé : instabilité, conduites violentes, crises de colère et de larmes... Dans le cours de l'entretien, William se plaint de recevoir souvent des claques de sa mère, mais également, à la moindre bêtise, des fessées de son beau-père. La maman revient sans cesse sur l'opposition et les crises de colère de son fils, si bien qu'il est difficile dans l'entretien d'obtenir un récit cohérent sur le développement dans la petite enfance sinon par quelques anecdotes telles que celle-ci : William serait devenu propre en quelques jours après que la maman se serait plainte de devoir acheter des couches et de dépenser de l'argent à cause de lui. De même, lorsqu'il arrive à la maman de pleurer, quel qu'en soit le motif, elle dit à William : « C'est parce que tu m'as fait mal que je pleure », rendant bien évidemment ce dernier responsable et fautif...

Le père géniteur a quitté le foyer quand William était âgé de six mois, au motif, selon la maman, qu'il était jaloux du bébé. Elle vit maintenant avec un homme que William appelle « papa », décrit par la mère comme sévère et n'hésitant pas à donner des fessées régulières à William.

De toute évidence, cet enfant vit dans un climat familial qu'on dira « difficile » par euphémisme. Les sévices corporels sont fréquents même s'ils ne paraissent pas d'une intensité très importante, la mère et le beau-père ont des attitudes éducatives plutôt rigides, il existe une impulsivité notable chez les deux parents, enfin un vif sentiment de culpabilité est régulièrement projeté sur William. Celui-ci tente de se dégager de ces émotions négatives par l'agitation, l'opposition, l'expression agressive, établissant un contact systématiquement hostile et provocateur avec ceux de son entourage, ses parents, l'enseignant, les copains dont l'attitude de rejet ne fait que confirmer l'image qu'il a de lui-même : un enfant pénible, peu digne d'être aimé, en un mot un enfant « méchant » et qui se comporte comme tel. Une prise en charge s'impose mais elle sera difficile car la famille habite un lieu isolé, n'est pas motivée pour effectuer ces démarches et que de surcroît l'amélioration ne peut être que progressive *à condition que chacun y mette du sien*, c'est-à-dire que tous acceptent d'introduire des changements dans les styles relationnels familiaux. Une aide scolaire devrait aussi être mise en place pour tenter de pallier les difficultés d'apprentissage et les effets négatifs de la stigmatisation débutante. Vaste programme aux écueils multiples !

En l'absence de modifications éducatives ou de soins, il est rare que les difficultés s'améliorent spontanément. Avec la grande enfance (11-12 ans) et le début de l'adolescence, des troubles du comportement apparaissent souvent avec des conduites de plus en plus agressives ou délinquantes, les multiples déviances propres à cet âge. Un des traits les plus caractéristiques de ces enfants est le manque d'empathie. On entend par « empathie » la capacité à ressentir ce que les autres peuvent éprouver, la capacité de se mettre à leur place. L'empathie est une qualité relationnelle fondamentale pour pouvoir vivre de façon satisfaisante parmi les autres. Une bonne empathie permet aussi d'adopter un comportement qui tienne compte des attentes des autres, même s'il ne s'agit pas de les satisfaire systématiquement. L'empathie n'implique pas qu'on soit toujours d'accord avec les autres, mais qu'en revanche on puisse reconnaître leurs émotions sans les disqualifier. L'absence d'empathie semble être en lien direct avec l'usage excessif de la soumission par la force et l'éprouvé d'humiliation qui l'accompagne ordinairement. L'impulsivité et la violence dans les rapports sociaux, et plus encore la violence exercée sur les plus faibles qu'eux (les enfants plus jeunes, les filles), sont un des traits de comportement habituel chez ces enfants ou adolescents qui ont régulièrement subi des relations de soumission agressives et humiliantes. Le manque d'empathie en est la trace visible, le besoin de projeter sur l'autre l'humiliation, pour s'en sentir débarrassé, le mobile silencieusement agissant de leurs conduites.

Comment la séduction exerce la soumission

La force n'est pas le seul moyen pour qu'un individu obtienne ce qu'il désire d'un autre ! Dans un ouvrage précédent consacré au rôle de la surprise dans les relations humaines[1], nous avions dégagé la figure de Métis, divinité de la Grèce antique. Pour parvenir à ses fins et triompher de plus fort qu'elle, Métis recourt habituellement à la ruse,

---

1. Voir *La Surprise, chatouille de l'âme*, chap. III, « Une figure mythologique de la surprise », *op. cit.*

au déguisement, au masque et à la métamorphose. Elle enveloppe, contourne, se moule sur l'adversaire par l'usage du filet, de la nasse, de la trappe et la séduction est l'un de ses arguments privilégiés. Grâce à Métis, le plus fort n'est jamais assuré de l'emporter : elle rétablit en quelque sorte un équilibre entre le plus faible et le plus fort et transforme le rapport dominant-dominé en une relation complexe : « avec de la métis entre eux, l'homme et la femme peuvent se rencontrer sans trop de danger pour celle qui est en apparence la plus faible, et sans certitude de vaincre pour celui qui en apparence est le plus fort. Métis ouvre entre les deux sexes un rapport qui n'est plus de copulation mais de jouissance[1] ». Divinité de la surprise, de la tromperie et de la séduction, Métis sème en apparence le désordre dans l'ordre du « pouvoir », celui qui s'appuie sur la seule force brute. Mais elle offre une autre forme de pouvoir au plus faible, le pouvoir de l'intelligence pratique, du savoir-faire, de l'habileté, de l'intuition, cette intelligence relationnelle où comprendre les émotions et savoir en jouer procurent un réel pouvoir d'apaisement, voire de soumission.

Le monde des mythes et des héros de la Grèce antique n'est pas le seul à attirer notre attention sur le rôle de la séduction. Elle n'est pas le propre des êtres humains et s'observe aussi dans le monde animal ! Sans parler ici de toutes les stratégies de ruse et de tromperie utilisées par diverses espèces animales, soit pour berner leurs prédateurs, soit pour tromper leurs proies, revenons un instant aux bonobos, ces primates supérieurs qui ont fait de la propo-

---

1. *Ibid.*, p. 59.

sition sexuelle le mode de relation privilégié de leur groupe social. Mâles comme femelles multiplient les contacts d'allure sexuelle, ce qu'on peut appeler sans anthropomorphisme excessif un comportement de séduction, pour apaiser le partenaire (de même sexe ou de sexe différent, peu importe : les bonobos ne sont pas regardants sur ce point !), obtenir de lui un avantage (sexuel ou autre : nourriture, emplacement territorial convoité), atténuer les conflits entre deux congénères et détourner leur attention... Dans la société des bonobos, le pouvoir ne revient pas au mâle dominant, celui qui est en général le plus fort, le plus vigoureux, celui qui en tout état de cause l'emporte dans les combats, mais à la femelle appelée « alpha » par les primatologues, en général la femelle la plus ancienne, la plus expérimentée, qui tient son pouvoir non pas de sa force mais de son savoir-faire, de son « intelligence relationnelle » et de sa capacité à régler les divers conflits pour le meilleur profit de tous les membres du groupe[1]. Les êtres humains n'ont-ils jamais su choisir entre la société des chimpanzés et celle des bonobos et sont-ils restés à mi-chemin, n'optant ni complètement pour la relation de dominance par la force ni complètement pour le pouvoir de la séduction ? On peut le penser : peut-être est-ce grâce à cette indétermination, cette hésitation entre le choix de la force ou celui de la séduction, que les êtres humains ont disposé d'une palette particulièrement large de régulateurs sociaux, élargissant de ce fait leurs possibilités et la richesse potentielle des interactions !

---

1. Voir F. de Waals, *op. cit.*

Quoi qu'il en soit, chez les humains, le rapport de séduction est incontestablement un moyen de parvenir à « soumettre » l'autre, à l'amener sur son terrain et à obtenir de lui ce que le séducteur désire. On ne parlera pas ici des rapports amoureux qui à l'évidence forment l'arrière-plan de cette affaire ! Restons-en aux relations entre un enfant et un adulte. La séduction n'y est pas étrangère, nous l'avons déjà dit. Les mots magiques sont connus des parents comme des enfants : « Fais-moi plaisir... » Le sourire, l'inclinaison de la tête sur l'épaule, le regard dans les yeux, la main ouverte paume en l'air et bras tendu, toutes ces attitudes sont à la fois des gestes d'apaisement quand surviennent des conflits, mais font aussi partie du répertoire humain des comportements de séduction. Un jeune enfant dès 3-4 ans sait parfaitement recourir à ces attitudes, soit avec un adulte, l'un de ses parents en particulier, soit avec d'autres enfants, quand il est en collectivité, crèche, halte-garderie ou premières années de maternelle. Avec l'apparition de la parole, ce langage du corps tend à passer au second plan, mais il persiste souvent quand l'enfant cherche à « séduire » son partenaire, l'un des parents surtout. Symétriquement, du côté des parents il n'est pas rare qu'ils utilisent les arguments de la séduction, soit pour obtenir de leur enfant qu'il obéisse, soit parce qu'ils ne souhaitent pas ou ne peuvent pas faire preuve d'autorité. Tout parent, un jour ou l'autre, a ainsi joué sur le registre de cette séduction, il n'y a rien là de très exceptionnel ! Cependant, force est de reconnaître que pour certains ce mode de relation, de demandes et d'échanges, prend le pas sur tout autre type de communication. Avec les jeunes enfants, ce recours est d'autant plus tentant qu'il est assez efficace : les petits enfants sont très sensibles à ce qu'on a pu appeler le « chantage à l'amour » et ils y répondent vite et positivement. « S'il te plaît, fais-moi plaisir, fais ceci ou cela… » De nombreux parents semblent de nos jours privilégier le recours à cette forme de séduction afin d'éviter les éventuels conflits éducatifs, type de relation que j'ai appelée de façon quelque peu provocatrice la « séducation[1] ». C'est en particulier le cas lorsqu'un parent se retrouve seul pour élever un enfant : dans cette relation à deux, afin d'éviter conflits et attitudes d'autorité souvent difficiles à tenir car l'enfant a le génie de pousser son parent « à bout », ce dernier se sert très souvent de ce registre relationnel. Je rapprocherai ces attitudes de séduction des fréquentes « déclarations d'amour » que parents et enfants se font très souvent aujourd'hui. En effet, il y a vingt ou trente ans, il était assez rare qu'un parent dise à son enfant « Je t'aime » ou qu'il lui adresse ce type de demande : « Dis-moi que tu m'aimes ! » Ces véritables déclarations d'amour étaient plutôt réservées aux relations entre amants, beaucoup moins, si ce n'est jamais, aux relations parents-enfants. Peut-être faut-il y voir le rôle nouveau que les enfants jouent auprès des adultes, celui de confidents mais aussi celui de pourvoyeurs des émotions, de la tendresse et finalement de l'amour dans un monde qui en parle beaucoup mais qui en semble plutôt avare. Quoi qu'il en soit, ces déclarations d'amour entre un

---

1. Voir *L'Enfant chef de la famille. L'autorité de l'infantile*, Albin Michel, 2003.

parent et un enfant sont devenues monnaie courante. S'il n'y a rien là de très pathologique quand elles sont épisodiques, il faut cependant constater que par leur fréquence, hebdomadaire, quotidienne voire pluriquotidienne, elles sensibilisent très rapidement l'enfant à son pouvoir de séduction sur l'adulte, pouvoir dont il saura jouer de façon très pertinente à son avantage le moment venu ! Les enfants, si jeunes soient-ils, font preuve d'une intelligence relationnelle et affective spontanée bien supérieure à ce que croient la plupart des adultes, supérieure souvent à l'intelligence affective des adultes eux-mêmes, laquelle s'empêtre facilement dans des discours défensifs et une moralité convenue.

Enfin, dernier point mais non le moindre, avec la fragilité relative du couple parental, il n'est pas rare de constater une sorte de compétition, le plus souvent inconsciente, entre parents pour être sûr de bénéficier de l'amour de l'enfant ! Quand les conflits apparaissent dans le couple parental, quand les attitudes éducatives de l'un sont réprouvées par l'autre, s'ouvre le vaste champ des manipulations, conduites de disqualification et tentatives de séduction résultant d'une quasi-compétition entre parents pour capter l'amour de l'enfant. Ainsi, quand un parent est jugé trop autoritaire par l'autre, il n'est pas rare que ce dernier se montre plus que bienveillant avec l'enfant, parfois ouvertement séducteur, disqualifiant les divers interdits ou commandements du conjoint. L'enfant comprend vite qu'à la moindre réprimande comme au moindre interdit ou limitation, il obtiendra de l'autre ce que l'un vient de lui refuser, surtout s'il suffit d'avancer vers le parent permissif avec un sourire enjôleur, un câlin ou l'expression d'une mine contrite et accablée ! Les enfants aussi sont de grands experts en relations de séduction !

Du temps de l'enfance, ces diverses formes de relation de séduction ne créent pas de difficultés majeures dans le comportement de l'enfant. Ce dernier fait assez rapidement la part de choses, adapte son comportement en fonction de l'un, de l'autre et des divers adultes. Au pire, ils peuvent être capricieux et leur comportement peut accroître les conflits du couple, mais du côté de l'enfant lui-même – comme, d'une certaine façon, il finit le plus souvent par obtenir ce qu'il veut – on ne constate en général rien de très grave. Ces enfants peuvent même être considérés comme charmants ou, à tout le moins, charmeurs et puisque leurs demandes ne semblent pas exorbitantes, l'adulte répond souvent favorablement à ce charme ! Tout bascule avec la grande enfance et l'adolescence : les demandes se font de plus en plus conséquentes (argent, véhicules motorisés, objets coûteux, sorties, etc.), le parent permissif est rapidement débordé, en appelle soudain à l'autorité de l'autre (dans la forme la plus traditionnelle, la mère s'est montrée séductrice, le père a été disqualifié dans la petite enfance et devrait soudain montrer une autorité qu'il n'a jamais eue ou dont il a été largement dépouillé : formes habituellement rencontrées dans les familles dysfonctionnelles qui cependant sont restées unies. Mais il arrive que ce soit l'inverse : un père séducteur, permissif et une mère qui, elle-même, pour plein d'excellentes raisons, a cherché l'évitement des conflits du temps de l'enfance : formes fréquentes dans les familles séparées et éclatées). Dans ces conditions, le grand enfant ou l'adolescent n'a ni l'envie ni la possibilité d'obéir, tout à coup et par magie, à celui qu'il a pris l'habitude de disqualifier, directement ou par parent interposé, depuis sa plus tendre enfance ! Il tolère difficilement de ne pas obtenir ce qu'il réclame et ne supporte pas la frustration. Pour son malheur, l'adolescent est inéluctablement confronté à un état de malaise, d'insatisfaction, de tension interne qui est inhérent à cette étape de sa vie et à la puberté. Avec l'irruption de la maturité génitale, le jeune adolescent doit affronter une frustration qui désormais vient de l'intérieur de son corps, une tension qui ne peut trouver d'apaisement que dans la rencontre bienveillante d'un autre. Mais l'adolescent fait l'expérience douloureuse de ne pas pouvoir obtenir de cet autre tout ce qu'il veut, ou ce dont il estime avoir besoin, aussi facilement qu'il l'obtenait de son parent du temps de l'enfance ! Avec l'adolescence et la maturité sexuelle, l'individu doit faire l'expérience difficile de l'altérité des désirs, à savoir que ce qu'il désire, lui, n'est pas nécessairement ce que l'autre en face de lui désire ! Pour ces adolescents habitués pendant toute l'enfance aux relations de séduction, habitués sinon à transgresser les lois, du moins à les accommoder à leur profit, la chute peut être douloureuse, la frustration intolérable et le respect de la limite une nécessité qui ne les concerne en rien. Dans le milieu familial, ces adolescents multiplient les troubles des conduites (vol d'argent, dépenses inconsidérées, tyrannie dans le mode de vie, colère et bris de matériel en cas de frustration…). À l'extérieur, ils semblent charmeurs, cherchent à obtenir divers avantages des autres, se conduisent souvent en parasites sociaux tout en étant « très gentils », toujours manipulateurs ! Leur scolarité est souvent catastrophique, avec un échec qui débute vers la fin du collège (en 3ᵉ) ou au lycée pour aboutir à une série de redoublements et une exclusion en terminale quand ils ont 20 ans ou plus, et n'ont plus aucune motivation au travail. Souvent, ils compensent cet échec et ce désœuvrement par une multiplication des relations sociales avec une large bande de copains et copines où leur charme et leur qualité de séduction trouvent à s'employer, mais avec rapidement les consommations et petits trafics tout aussi habituels qu'inéluctables. Cependant, il est rare qu'ils soient totalement dupes de leur propre discours et une dimension dépressive liée au constat de leurs échecs à répétition s'insinue progressivement en eux. Dans les meilleurs des cas, cette souffrance dépressive est précisément le levier qui permet au médecin un début d'engagement dans une relation de soin.

Il est assez aisé de comprendre, en revanche, que la conjonction d'un excès de soumission par la force ou la violence exercée par un parent et la relation de séduction proposée par l'autre représente le cocktail le plus explosif dans l'éducation d'un enfant! C'est souvent ce qu'on retrouve dans les tableaux les plus graves de jeunes « psychopathes » à la fois intolérants à toute frustration, violents et impulsifs, sans aucune empathie à l'égard des autres, manipulateurs et sans le moindre respect pour une quelconque loi, règle ou limite, convaincus qu'ils ont toujours raison. Ces jeunes, autant victimes que fautifs, constituent la majeure partie de ceux qui peuplent les structures d'internats judiciaires (foyers éducatifs dépendant du juge des mineurs, centres de placement immédiat, centres éducatif fermés, établissements pénitentiaires pour mineurs), mais aussi les structures de soins en psychiatrie. Il faut beaucoup de temps, d'abnégation et de patience de la part des éducateurs et des soignants qui tentent de s'occuper d'eux pour que, peu à peu, avec quelques-uns une relation différente et positive s'instaure…

L'excès de soumission dans l'éducation est particulièrement délétère, surtout si à cette exigence de soumission s'adjoint une dimension d'humiliation. Véritable poison de la relation éducative, l'humiliation est pour celui qui en a été victime un fardeau douloureux dont les effets peuvent courir pendant de nombreuses années jusqu'à ce que cet individu humilié rencontre un autre, plus faible que lui ou en position d'être soumis. L'occasion se présente alors de pouvoir se décharger de cet encombrant fardeau en le lui transmettant. Le jeune enfant, de par sa faiblesse relative mais aussi à cause de son besoin d'opposition, est la victime toute désignée pour recevoir ces projections humiliantes. Le résultat d'une éducation dominée par ce style de relation est, certes, néfaste pour l'enfant, mais peut passer relativement inaperçu. Avec l'adolescence, en revanche, les comportements déviants explosent au grand jour, tentatives maladroites et vouées à l'échec sans doute, mais tentatives d'un jeune de retrouver quelques fragments d'estime de soi, ingrédient indispensable au cheminement dans la vie. Quant à l'excès de soumission obtenu grâce à la séduction, là encore au moment de l'enfance les conduites qui en résultent peuvent aisément passer inaperçues. Mais à l'adolescence et avec l'émergence des pulsions nouvelles, le jeune reprend à son compte dans les relations aux autres ce comportement de manipulation qui devient souvent envahissant, manipulation dont l'objectif est précisément d'obtenir par l'apparente séduction que l'autre se soumette au moindre désir ou caprice, en dehors de toute règle ou de toute loi. Ces adolescents se servent de cette séduction à leur profit et souvent en transgressant la loi.

Qu'il s'agisse d'un excès d'interdits ou d'un excès de soumission, à la lecture de ce chapitre et des deux précédents, on comprend aisément que l'invocation d'un « retour à l'autorité » soit malvenue. Si certains enfants et adolescents souffrent d'un évident laxisme dans l'exercice de l'autorité, beaucoup d'autres souffrent non pas d'un manque mais plutôt d'un défaut d'autorité. Défaut au sens où cette autorité s'exerce de façon inadéquate par un autoritarisme abusif souvent associé à l'utilisation d'une contrainte physique. L'invocation maladroite d'une autorité qu'il faudrait magiquement restaurer risque, au contraire, d'aggraver ces diverses déviances quand des adultes, désormais en position parentale, se trouvent soudain accusés de ne pas « faire preuve d'autorité ». Souhaite-t-on retrouver les graves inhibitions, entraves et souffrances névrotiques dont il convient de reconnaître combien elles étaient fréquentes il y a seulement quelques décades ? Souhaite-t-on retrouver les effets destructeurs de la soumission et de l'humiliation dans l'éducation en promouvant sans nuance un « retour de l'autorité » ? Car derrière ce mot magique, l'autorité, de quoi s'agit-il concrètement pour les parents et les éducateurs : de la question de l'obéissance ! Or, apprendre à un enfant à obéir, ce n'est en aucun lui apprendre à se soumettre systématiquement ! Dans les relations humaines, la soumission n'est jamais affaire de liberté. L'obéissance, inversement, lorsqu'elle reconnaît à celui qui obéit la possibilité de désobéir, pourrait représenter la condition paradoxale d'une certaine liberté. Là siège le profond paradoxe de l'éducation : apprendre à obéir pour, un jour, s'autoriser à désobéir. Jamais l'autoritarisme ni l'exigence excessive de soumission ne pourront parvenir à comprendre ces enjeux si contradictoires et, en apparence, inconciliables.

Nous voici donc au pied du mur ! Car si dans les trois premiers chapitres nous avons dénoncé les effets néfastes du laxisme d'abord, de l'autoritarisme et de l'excès des interdits ensuite, de l'usage de la soumission enfin, il nous reste à décrire et à tenter de définir ce que pourrait bien être l'obéissance.

4

La crise profonde de l'obéissance

L'autorité, oui ! L'obéissance, non !

On parle volontiers de la crise d'autorité, on en appelle à un retour de l'autorité, à une restauration du principe d'autorité. Pour un concept en crise, le moins qu'on puisse dire est qu'il en est souvent, très souvent question ! Mais ne se trompe-t-on pas de cible, l'autorité est-elle vraiment en crise ? Ne serait-ce pas plutôt une crise de l'obéissance ? Car si l'on traite abondamment de la question de l'autorité, si celle-ci fait l'objet de colloques savants, de débats passionnés, d'émissions médiatisées, inversement il est fort peu question de l'obéissance et les débats consacrés à ce thème sont inexistants ! Au fond, tout le monde en appelle à l'autorité mais personne n'a envie d'obéir ! Aussi celui qui disserte sur le thème de l'autorité a volontiers la tête dans les étoiles, tandis que celui qui s'affronte au problème de l'obéissance se contente d'avoir les mains dans le cambouis : aux philosophes, aux historiens, aux psychanalystes, aux didacticiens la question de l'autorité. Aux parents, à ceux qui sont au contact des enfants, la question de l'obéissance ! L'Éducation nationale représente la caricature de cet évitement problématique : les débats sur « l'autorité de l'enseignant » y abondent, les réflexions se multiplient, les discussions deviennent passionnées et parfois d'une violence idéologique extrême quand il est question du règlement et de son corollaire, la question des sanctions à appliquer, mais le silence est plutôt assourdissant sur la question de l'obéissance. Je n'ai pas connaissance de colloque ou d'exposé ayant pour thème cette question : comment faire en sorte que les enfants obéissent, que fait-on quand on leur demande d'obéir ? Le vrai problème de l'éducation, ce n'est pas la question de l'autorité mais celle de l'obéissance : chacun semble se dérober face à la nécessité d'obtenir d'un enfant qu'il obéisse. Les parents devraient-ils se sentir coupables de demander à leur enfant d'obéir ? On peut le penser quand on consulte sur Internet les références obtenues en introduisant comme clef d'entrée les mots : obéissance, éducation. La quasi-totalité des références concerne l'éducation... canine, comme nous l'avons déjà dit[1]. C'est là un symptôme de l'extrême difficulté à penser la notion d'obéissance. On ne peut trouver meilleur exemple de cette difficulté qu'au travers du silence des philosophes sur cette question. À titre d'exemple, lorsque Marcel Gauchet s'interroge sur « L'école à l'école d'elle-même » et sur la fonction de la pédagogie, pas une seule fois n'apparaît la notion d'obéissance. Et quand, dans ce long chapitre, le terme « obéir » apparaît, c'est pour signaler que l'école est incapable d'obéir à sa propre idéologie ! Se demandant *ce*

---

1. Voir l'introduction.

qu'apprendre veut dire[1], Marcel Gauchet donne cet exemple : « Apprendre à lire […] c'est se trouver happé par un monde qui existe tout armé avant vous et dont chaque recoin engage la cohérence globale ; c'est se confronter à un ordre contraignant… » Loin de moi l'idée que l'obéissance suffirait pour apprendre à lire, mais cependant, pour apprendre à lire l'enfant doit comprendre puis accepter d'obéir à ces multiples contraintes : le concept d'obéissance ne paraît pas totalement étranger au processus d'apprentissage, même si tout un courant de la pédagogie moderne n'a cessé d'en dénoncer les effets néfastes[2]. De même, dans l'ouvrage d'Alain Renaut, *La Fin de l'autorité*, au chapitre consacré à l'éducation[3], chapitre très argumenté sur la place de l'autorité dans le domaine de l'éducation, Alain Renaut pose la question de la soumission ou celle du dressage pour dire, bien évidemment, que ni l'une ni l'autre n'ont le moindre rapport avec l'autorité, mais à aucun moment le problème de l'obéissance n'est abordé ! Le verbe « obéir » n'apparaît qu'une seule fois dans ce chapitre, et de façon tangentielle, à propos de l'ancien droit d'exhérédation « qui obligeait un enfant, quel que fût son âge, à

---

1. M. Gauchet, *La Démocratie contre elle-même*, Gallimard, 2002, p. 109-169.

2. On peut lire le chapitre rédigé par M. Gauchet, « Fin ou métamorphose de l'autorité », dans l'ouvrage collectif *Conditions de l'éducation,* M. C. Blais, M. Gauchet, D. Ottavi, Stock, 2008. Confondant obéissance, soumission et passivité, une pédagogie dite active rendait à l'enfant l'initiative et la liberté critique.

3. A. Renaut, *La Fin de l'autorité*, ch. III, « Éduquer », p. 139-185, Flammarion, 2004.

obéir à son père s'il désirait hériter de son patrimoine ». On le constate, obéir est ici une référence obsolète et plutôt négative. Il serait d'ailleurs préférable de dire « qui obligeait un enfant à se soumettre », dans la mesure où il est clairement question de soumission aux exigences et commandements du père. Ce silence philosophique sur la notion d'obéissance doit être compris comme un symptôme tant de la difficulté à penser le concept d'obéissance que de la dimension politiquement incorrecte de cette notion. L'obéissance sent le soufre ! Disserter sur l'autorité situe le locuteur dans les étages élevés de la pensée philosophique, parler de l'obéissance soulève les relents d'une morale teintée de religiosité vieillotte. Celui qui traite de la question d'obéissance risque vite d'apparaître comme un conservateur arriéré, passablement archaïque, certainement à contretemps du discours consensuel, celui qui, précisément, réunit un nombre substantiel d'intellectuels sur la question de l'autorité, qu'il s'agisse d'ailleurs d'en contester la nécessité ou d'en appeler à une restauration plus ou moins nostalgique.

L'obéissance : un résidu d'enfance

L'obéissance a donc plus mauvaise presse encore que l'autorité ! Restons avec Alain Renaut : dès le début de sa réflexion sur l'autorité, il précise qu'il convient de distinguer l'éducation du dressage, car « il n'est pas d'éducation sans la possibilité d'une compréhension, au moins finale, par l'élève de ce qu'il acquiert ou de ce qu'il a acquis [...] ce qui n'est le cas, à aucun degré, de l'animal que l'on dresse et duquel on attend, non de la compréhension, mais de la pure et simple soumission ». Laissons à Alain Renaut la responsabilité de ses propos concernant les animaux, car certains éthologues et dresseurs contemporains en contesteraient très probablement la pertinence. En revanche, très éclairante est l'utilisation de cette comparaison : si la soumission caractérise le dressage et que l'éducation mobilise la compréhension, comment situer la place de l'obéissance ? Il y a pour Alain Renaut la même mystérieuse et énigmatique transformation alchimique entre la soumission et l'obéissance qu'entre le pouvoir et l'autorité, cette dernière permettant précisément que la soumission se transforme « en une obéissance proprement dite, une obéissance volontaire qui permet à la domination de faire l'économie de la violence et au commandement d'être incontesté ». L'obéissance serait une sorte de soumission sublimée, grâce au pouvoir de la tradition en particulier qui, de l'extérieur, s'impose sous la forme « d'une transcendance radicale à laquelle les hommes obéissent comme ils obéissent aux lois de la nature ». Comme pour l'autorité, voilà de nouveau la nature convoquée : il y a ceux qui ont de l'autorité « par nature », tout comme il y a ceux qui obéissent par nature. Les propos d'Aristote ne sont pas très différents quand il distingue ceux qui sont faits pour commander et ceux qui sont destinés à obéir ! On comprend que l'obéissance soit à ce point vilipendée et disqualifiée : serait-on génétiquement programmé pour obéir ? Marcel Gauchet lui aussi, dans sa plus récente livraison[1], semble

---

1. M. Gauchet, *Conditions de l'éducation, op. cit.*

105

confondre obéissance et soumission au point de ne citer l'obéissance qu'à une seule reprise, là où la notion de soumission face à l'autorité infiltre une grande partie de ses propos : « La critique de l'autorité est consubstantielle au développement de son projet. Elle traque l'esprit de soumission sans examen dans tous les domaines », et plus loin de façon encore plus radicale : « Nul ne s'éduque lui-même. Chaque nouvel arrivant dans le monde se trouve jeté dans un océan opaque de codes et de règles [...] épreuve terrifiante [...] qui constitue la véritable racine psychique de l'énigmatique propension humaine à la soumission ». La soumission serait-elle la réponse « naturelle » à l'autorité ? On retrouve cette même position sous la plume de Gérard Mendel, lequel ne trouve vraiment aucune vertu à l'obéissance : celle-ci est assimilée à la peur du gendarme, aux peurs de l'enfant d'une réprimande (« les gros yeux »), ou d'une perte d'amour[1]. Et quand, dès les premières lignes de son ouvrage, Mendel précise qu'on peut considérer « l'autorité comme le fait d'obtenir une obéissance volontaire, sans contrainte physique et sans qu'il soit besoin d'ouvrir la discussion ou de justifier ses exigences », c'est pour aussitôt qualifier cette obéissance d'être « irraisonnée et irréfléchie[2] ». Ainsi la dimension « volontaire », que de nombreux auteurs reconnaissent comme nécessaire pour distinguer entre la soumission face au pouvoir et l'obéissance en réponse à l'autorité, est immédiatement disqualifiée, ne pouvant que traduire

---

1. G. Mendel, *Une histoire de l'autorité*, La Découverte, 2002.
2. *Ibid.*, p. 7.

l'absence de raisonnement et de réflexion. On notera au passage le fait qu'on risque fort de se trouver pris dans un piège si, adoptant ce point de vue, celui d'une obéissance volontaire nécessairement irréfléchie et irraisonnée, on considère comme le fait Alain Renaut que l'autorité sollicite la compréhension de celui auquel elle s'adresse, c'est-à-dire celui qui est censé y obéir : comment obtenir d'un être irraisonné et irréfléchi qu'il puisse comprendre ! L'obéissance est l'aporie de l'autorité !

Aporie confirmée par la toute première ligne de la définition de l'autorité qu'Hannah Arendt a donnée, définition abondamment reprise depuis par tous les auteurs : « Puisque l'autorité requiert toujours l'obéissance[1]… » Il n'est pas rare que ce début de définition soit comme effacé, les réflexions se concentrant plus facilement sur la distinction entre autorité, pouvoir et argumentation. Les auteurs « oublient » volontiers cette exigence préalable d'obéissance pour s'étendre plus ou moins complaisamment sur le pouvoir, la légitimité par opposition à la légalité, la hiérarchie… Pourtant, la question de l'obéissance tient une place importante au début de la réflexion d'Hannah Arendt. Quelques lignes plus loin, en effet, considérant ceux qui en appellent à un retour à l'autorité dans sa version traditionnelle et ceux qui croient qu'une société de masse peut se gouverner elle-même, elle formule ce constat : « Les deux parties s'accordent sur ce point essentiel : l'autorité c'est tout ce qui fait obéir les gens[2] », constat qu'elle ne récuse

1. Hannah Arendt, *op. cit.*
2. *Ibid.*, p. 136.

pas sur le fond, même si c'est pour préciser par la suite, afin de différencier le tyran, le despote et le démocrate : « L'autorité implique une obéissance dans laquelle les hommes gardent leur liberté[1]. » Hannah Arendt rejoint en cela Max Weber qui avait déjà défini l'autorité comme un rapport d'obéissance sans violence ni contrainte[2]. Donc l'autorité requiert l'obéissance mais reconnaît à ceux qui doivent obéir une liberté : ils ont le choix entre obéir ou ne pas obéir, en un mot désobéir. Ainsi l'obéissance impliquerait la capacité de discernement chez un sujet libre : proposition particulièrement redoutable parce qu'elle semble exclure de son application tout le champ de l'enfance. Si juridiquement on peut admettre que les enfants dès leur naissance sont des êtres humains libres, psychologiquement, l'affaire paraît plus complexe et ne peut certainement pas se résoudre en tout ou rien, dans une alternative binaire. Qui peut s'opposer à l'idée qu'un enfant de 3 ans, 5 ans, 7 et même 11 ans est dans une situation psychique de dépendance (à l'égard des soins apportés par ses parents ou la société dans son ensemble) et, par conséquent, ne peut jouir d'une pleine liberté ? Quant à la possibilité de choisir, elle nécessite une capacité de discernement dont l'enfant aux mêmes âges n'est assurément pas pleinement pourvu. Nous en sommes, avec l'obéissance, ramenés au même dilemme qu'avec l'autorité : doit-on différencier deux types d'obéissance : la grande, la noble, celle qui

---

1. *Ibid.*, p. 140.
2. M. Weber, *Économie et Société*, 1921, traduction t. 1, Plon, 1971.

concerne les adultes, libres et capables de discernement, et celle qui s'appliquerait aux enfants, la « petite obéissance de tous les jours » dont il resterait à se demander en quoi celle-ci diffère ou non de la soumission. L'enfance vient ici comme une butée qui complique singulièrement la réflexion. Si on conserve la définition « haute » de l'obéissance, celle qui nécessite liberté et discernement, alors il faut accepter l'idée que l'obéissance est un faux concept pour les enfants auxquels s'appliquerait uniquement le principe de soumission ou de dressage. Si, récusant ce syllogisme, on adopte une définition « humble » de l'obéissance, ce qui fait que les enfants font ce que leurs parents leur demandent (ou ne font pas ce qu'ils leur interdisent), alors on risque d'aboutir à la même position que celle de Gérard Mendel, et de considérer que, tout comme l'autorité, l'obéissance dans la société des adultes n'est qu'un vil résidu de l'enfance, trace des restes d'immaturité et de faiblesse, peur des gros yeux ou crainte d'abandon. Nos arguments seront les mêmes qu'en ce qui concerne l'autorité[1]. Pas plus que pour celle-ci il n'est pensable d'en appeler à deux définitions incompatibles entre elles, sauf à sanctuariser le domaine de l'enfance, pas plus pour ce qui concerne l'obéissance il n'apparaît logique et possible de faire cohabiter deux définitions strictement opposées. De plus, disqualifier l'obéissance parce qu'elle trouverait son origine dans l'immaturité de l'enfant revient à considérer l'immaturité uniquement dans une dimension déficitaire, point de vue largement récusé de nos jours, comme on le

---

1. Voir le chapitre 5.

verra au chapitre consacré à l'autorité[1]. C'est parce que l'autorité permet d'élever les enfants que, dans la société, l'autorité continue de jouer ce rôle si complexe, si ambigu et si indispensable. De même, c'est parce que l'éducation des enfants en appelle à l'obéissance, et pas seulement à la soumission, que l'obéissance, concept complexe et ambigu, joue un rôle essentiel dans les sociétés humaines et nous distingue des sociétés animales.

Croquer la pomme : l'histoire d'Adam et Ève

Mais avant d'aborder la place de l'obéissance dans l'éducation, autorisons-nous un détour par les mythes et les contes. Pour ce faire, nous nous aiderons des travaux de François Flahault[2] qui applique aux mythes fondateurs et aux contes une lecture anthropologique « visant à expliciter les présupposés de la pensée occidentale et à les confronter à des faits et à des formes de pensée qui les questionnent pour dégager ainsi un espace de pensée philosophique élargi[3] ». C'est précisément cet espace de pensée élargi qu'il nous faut rechercher pour tenter de se dégager de l'aporie dans laquelle nous emprisonne le débat sur obéissance et autorité. Dans nombre de mythes ou contes, l'obéissance et son corrélat la désobéissance en

1. Voir p. 153.
2. En particulier *Be Yourself!*, Mille et Une Nuits, 2006, et *Adam et Ève. La condition humaine*, Mille et Une Nuits, 2007.
3. *Adam et Ève, op. cit.*, p. 16.

constituent l'argument principal, à commencer par un des tout premiers d'entre eux, le mythe d'Adam et Ève. Rappelons-en les principaux éléments. Après avoir installé Adam dans le jardin d'Éden, le Seigneur Dieu lui dit (chapitre II, verset 16) : « Tu pourras manger de tout arbre du jardin, mais tu ne mangeras pas de l'arbre de la connaissance du bonheur et du malheur car, du jour où tu en mangeras, tu devras mourir[1]. » Dieu exige donc d'Adam qu'il obéisse (ou le lui recommande ?). Bien qu'il soit comblé, Adam semble s'ennuyer et Dieu constate : « Il n'est pas bon pour l'homme d'être seul. Je veux lui faire une aide qui lui soit accordée » (Genèse, chapitre II, verset 18). On sait ce qui arriva : après avoir été façonnée à partir de la côte d'Adam alors qu'il dormait, Ève écouta les propos du serpent qui l'exhortait à manger du fruit de l'arbre défendu. Elle commença par lui répéter le commandement de Dieu : « Vous n'en mangerez pas afin de ne pas mourir », et devant cette résistance le serpent finit par lui dire (chapitre III, versets 4 et 5) : « Non, vous ne mourrez pas, mais Dieu sait que le jour où vous en mangerez, vos yeux s'ouvriront et vous serez comme des dieux possédant la connaissance du bonheur et du malheur (ou du bien et du mal) ». Suivant ces exhortations, Ève mange du fruit

---

1. Pour l'ensemble de la présentation du texte, voir F. Flahault, *Adam et Ève, op. cit.*, p. 19-25. L'auteur se réfère à la traduction œcuménique de la Bible, Ancien Testament. Il note que cette traduction diffère sur cette phrase de presque toutes les autres qui traduisent : « l'Arbre du discernement du Bien et du Mal » ou encore : « *The tree of knowledge of good and bad* ».

défendu puis convainc Adam de faire de même. Suite à cet acte de désobéissance, Dieu se fâche : il condamne le serpent à marcher sur son ventre, Ève à enfanter dans la douleur et Adam à travailler la terre de ses mains, puis il les chasse du jardin d'Éden après les avoir revêtus de tuniques de peaux (chapitre III, verset 20). Désormais, devenus mortels, ils connaissent la souffrance, laquelle, cependant, prend le sens, par cette supposée désobéissance primitive (ou primordiale), d'une réparation de la faute commise. L'être humain sait pourquoi il souffre chaque jour et un remède existe : implorer Dieu...

Il est difficile, en quelques lignes, de reprendre la richesse et la subtilité de l'argumentation de François Flahault qui lui-même appuie ses développements sur les multiples travaux des exégètes et des philosophes depuis presque deux mille ans. Constatons, fait essentiel, que la demande d'obéissance organise la première partie du mythe : Dieu place un objet interdit à portée de main et laisse à l'homme (ou à la femme) le choix d'obéir ou non. Symétriquement, c'est autour de l'acte de désobéissance que la seconde partie de ce mythe s'élabore. Force est de constater que la demande d'obéissance appelle en écho l'acte de désobéissance. On notera aussi que, par cette désobéissance, les êtres humains font connaissance avec la « condition humaine », celle de la souffrance du corps (enfanter) comme du labeur (gagner son pain à la sueur de son front) et celle liée à l'idée de la mort (ils ne peuvent plus manger les fruits de l'arbre de vie... éternelle). De plus, cet acte de désobéissance introduit Adam et Ève dans de nouveaux rapports humains, puisqu'ils découvrent leur nudité et en sont honteux : ils revêtent des peaux et en cela se distinguent des autres créatures vivantes. Si l'habit ne fait pas le moine, il fait assurément l'humanité de l'être. La conclusion de tout cela pourrait être simple : obéir n'est pas le fait de la condition humaine car le propre de l'être humain, ce qui précisément le rend humain, c'est l'acte de désobéissance ! Une telle proposition ne nous facilite pas la tâche pour comprendre la signification de l'obéissance. Cependant, une évidence s'impose que nous devrons constamment garder en mémoire : on ne peut désobéir qu'après avoir obéi. La désobéissance implique par définition la connaissance préalable de l'obéissance.

Pour revenir à Adam et Ève, les exégètes commencèrent bien sûr par commenter l'attitude de la femme. C'est la tentatrice, celle par laquelle le mal (en latin *malum*, comme la pomme mais avec un accent tonique différent sur le *a*) tombe sur l'être humain. Elle représente, aux yeux de ces anciens, la menace de la chute dans la faiblesse du corps par opposition à la force de la volonté et des idées. Les émotions, le désir (ou sa version maléfique : la lubricité) s'avèrent plus forts que la raison et risquent à tout instant de prendre le commandement de l'homme : il est mené par le désir de son corps (son sexe en érection) et non pas par les arguments de la raison. Car, bien évidemment, la sexualité imprègne profondément ce mythe : dès leur chute du jardin d'Éden, Adam « connaîtra » Ève, et de cette « connaissance » viendra Caïn, puis Abel… Le mythe d'Adam et Ève est ainsi marqué par la chute : chute du jardin d'Éden, métaphore de la chute dans un corps, conduisant à la chute dans la sexualité, conséquence de la chute dans les émotions et le désir, donc dans le mal(heur) qui en résulte. À cette Chute primitive mais aussi primordiale, renvoie en miroir le Salut, la Rédemption, travail d'humilité humaine auquel sera consacrée la suite du texte sacré dans sa quasi-totalité. Là encore, la Rédemption n'a de sens que si elle est précédée du mythe de la Chute : après avoir désobéi à ce commandement primordial, l'être humain devra obéir durablement aux recommandations rédemptrices, suivant en cela l'exemple du Christ : « Comme par la faute d'un seul ce fut pour tous les hommes la condamnation, de même par l'œuvre de justice d'un seul c'est pour tous les hommes la justification qui donne la vie. Car tout comme par la désobéissance d'un seul homme la multitude a été considérée comme pécheresse, de même par l'obéissance d'un seul la multitude sera constituée juste[1] ».

Chute et désobéissance dans les récits, les mythes et les contes

Flahault nous montre que si le mythe de la chute se retrouve dans l'œuvre de Platon, lequel, dans *Phèdre*, « imagine des âmes immortelles associées au cortège des dieux et jouissant comme eux de l'être et de la vérité, avant de chuter dans un corps[2] », on retrouve, en revanche, la structure

---

1. Saint Paul, Épître aux Romains, V, 12 à 21, cité par F. Flahault, *op. cit.*, *Adam et Ève*, p. 36.
2. *Ibid.*, p. 34.

de l'histoire d'Adam et Ève dans de nombreux mythes païens, tel celui de l'*Épopée* de Gilgamesh rédigée à partir du début du IIᵉ millénaire avant J.-C. Enkidu, créé par les dieux avec de l'argile, vivait au milieu des bêtes jusqu'à ce qu'il se rende dans la ville d'Uruk où règne Gilgamesh : là, une courtisane s'offre à lui et, dès cette relation accomplie, les bêtes au milieu desquelles Enkidu vivaient le fuient. « Mais lui avait acquis la raison, il déployait l'intelligence. Il revint s'asseoir aux pieds de la courtisane et ce que disait la courtisane, ses oreilles le comprenaient. "Enkidu, lui dit celle-ci, tu es devenu comme un dieu." Puis elle le conduit à Uruk où elle lui apprend à manger du pain, à boire de la bière. Après quoi Enkidu se lave et se vêt, "Alors il ressembla à un homme"[1] ». Si, dans l'*Épopée* de Gilgamesh, la sexualité n'apparaît ni fautive ni coupable, elle est, par contre, tout comme dans le mythe d'Adam et Ève, l'opérateur qui fait passer l'homme de l'état de nature à l'état de culture (la ville, la cuisson du pain, la fermentation de la levure, les vêtements). Il faut s'être risqué à la sexualité pour connaître la destinée humaine. En Afrique, de nombreux mythes d'origine de la mort qui « n'ont paradoxalement aucun lien historique ou culturel avec le récit de la Genèse[2] » présentent cependant une structure identique : « Dieu permet de manger de tous les fruits sauf un. Un jour, une femme enceinte en réclame à son mari qui finit par le lui donner. Il a beau cacher la pelure parmi les feuilles, la lune le voit et informe Dieu qui leur envoie la

---

1. *Ibid.*, p. 113-114.
2. *Ibid.*, p. 115-116.

mort [...]. De nombreux récits sont tout aussi simples. Ils disent que les hommes auraient eu une vie sans fin s'ils avaient respecté l'interdiction, posée par Dieu, d'avoir des relations sexuelles. » Enfin, dans de nombreux contes, tel ceux de *Barbe bleue* ou de *La Mensongère*, « l'héroïne jouit d'une liberté sous tutelle comparable à celle d'Adam et Ève au jardin d'Éden : elle a accès à toutes les pièces de la demeure de son mari, de son maître ou de sa marraine, à l'exception d'une seule qui lui est interdite. Malgré l'interdiction, ou plutôt à cause de celle-ci, elle est saisie par le désir de la transgresser. Ouvrant la porte, elle se trouve confrontée à la violence d'un spectacle de sang et de jouissance transgressive[1] ». L'innocence de l'héroïne bascule à la suite de cette découverte qui lui révèle ce qu'elle était censée ignorer et cette découverte, consécutive à un acte de désobéissance, la menace d'une condamnation. Dans tous ces récits, mythes, contes ou textes philosophiques, la vie de l'être humain connaît deux temps : celui de l'ignorance et du respect de l'interdiction, temps de la satisfaction des besoins ; puis celui de la transgression de l'interdit, de la découverte de la sexualité qui ouvre à la connaissance mais aussi à son prix : la souffrance liée au désir et à la condition de l'humain d'être mortel.

Pour revenir au texte de la Genèse, après avoir donné à sa créature tout ce dont elle a besoin dans le jardin d'Éden, Dieu, en formulant cette interdiction, éveille en l'homme une dimension tout à fait nouvelle, celle de la curiosité et du désir, dimension fondamentalement différente du

---

1. *Ibid.*, p. 121.

besoin et de sa simple satisfaction : la curiosité peut-elle être satisfaite, le désir peut-il être assouvi ? En désignant l'arbre de la Connaissance du bonheur et du malheur, ou dans les autres traductions celui du Bien et du Mal, par ce geste de pointage et de nomination, Dieu formule effectivement une inter-diction s'insinuant entre la main et la chose, interdiction par laquelle passent les mots et le désir. Tant qu'Adam ignore la sexualité, il est comblé par le jardin d'Éden et ne se connaît pas lui-même : il n'a même pas conscience de sa nudité. Dès l'irruption de la sexualité, surgit le désir et son complément : la possibilité de désobéir. Désobéir permet d'accéder à une connaissance « par soi-même » et non plus par l'intermédiaire d'un autre, mais si cette connaissance rend possible l'accession à la culture humaine (la honte de la nudité et la nécessité d'être vêtu, la cuisson des aliments, la vie sociale), son prix en est particulièrement élevé puisqu'il se paye de la souffrance liée à la condition humaine : le sentiment d'incomplétude et la pensée de la mort. Il n'est pas trop hasardeux de proposer le rapprochement suivant : du temps de l'enfance, obéir protège l'enfant de cette souffrance et le maintient dans une illusion de toute-puissance ; avec la puberté et l'adolescence, la question de la désobéissance se pose, seule à même de transformer cet enfant en adulte et de l'ouvrir à la douloureuse connaissance de la finitude et de l'incomplétude.

Le bien et le mal ou le vrai et le faux

Une des différences fondamentales entre ce qui régit le comportement d'un enfant et ce qui régit celui d'un adolescent tient précisément au fait que, du temps de l'enfance, la valeur primordiale est dominée par la question du bien et du mal : est bien ce que disent de faire les parents, est mal ce qu'ils interdisent. À l'inverse, avec la puberté et l'adolescence, la valeur directrice n'est plus celle-là. Désormais, ce qui guide le comportement d'un adolescent est ce qu'il estime être vrai ou faux, c'est-à-dire un savoir (vrai/faux) sur le fonctionnement du monde. Est vrai ce qui apparaît comme cohérent entre le dire et le faire, est faux ce qui révèle les incohérences et contradictions entre le dire et le faire : un adolescent « obéit » volontiers à ce qui lui semble vrai, il obéit rarement, sinon au prix d'une soumission, à ce qui lui paraît faux. Un psychanalyste qui connut son heure de gloire, Bruno Bettelheim, disait fort justement qu'un individu n'est éducable que tant qu'il n'a pas eu d'expériences sexuelles. Il signifiait par là que tant qu'un être humain n'a pas connu la sexualité, il doit s'en remettre au jugement d'un autre pour savoir ce qui est bien ou mal, sous-entendu ce qui est bon ou mauvais pour lui. Dès lors, avec l'accession à la sexualité, ce qui guide l'individu dans ces actions, c'est son expérience personnelle, ce qu'il ressent comme source de plaisir ou de désagrément, de bonheur ou de malheur (ce qui ne signifie en rien qu'il choisira systématiquement le plaisir ou le bonheur, ce serait trop simple !). À partir du moment où la sexualité s'installe dans le corps, seule l'expérience personnelle devient le critère de jugement. Ces constatations de nature psychologique sont corroborées par les propos de saint Anselme : « Avant la transgression, l'être humain distinguait entre le bien et le mal ; c'est le fait d'avoir goûté à l'arbre de la connaissance qui, paradoxalement, le prive de cette rectitude originelle[1]. » Pour les anciens Hébreux, l'expression « connaissance du bien et du mal » comportait déjà une connotation sexuelle. Mais celle-ci avait une valeur positive. Il a donc suffi de l'inverser[2]. François Flahault poursuit par ces propos que je crois utile de rapporter en entier pour la suite de notre propre développement : « Comment se faire une idée de ce que l'expression "connaissance du bien et du mal" évoquait pour les anciens rédacteurs de la Bible et leurs premiers lecteurs ? Le mot hébreu habituellement traduit par "connaissance", *da'at*, renvoie moins à un contenu de connaissance qu'à une activité et une faculté, un discernement, une maturité mentale aussi bien que physique [...]. Sagesse et maturité sexuelle sont fortement liées dans la culture suméro-babylonienne dont les Hébreux étaient imprégnés. On retrouve l'expression "connaissance du bien et du mal" dans quelques autres passages. Leur contexte nous aidera à en saisir la portée. Dans le Deutéronome (I, 39), Yahvé annonce à Moïse que ceux de sa génération ne verront pas la terre promise. "Mais vos enfants, ajoute-t-il, vos fils qui ne savent pas encore discerner le bien du mal, eux, ils y entre-

---

1. *Ibid.*, p. 95.
2. *Ibid.*, p. 96 (note).

119

ront." Ici, l'expression signifie "accéder à l'âge de raison". Celui-ci correspond sans doute à la puberté, mais le contexte ne permet pas de l'affirmer. Dans le second livre de Samuel (XIX, 36), un vieillard, s'adressant au roi, souligne son affaiblissement physique : "J'ai maintenant quatre-vingts ans : puis-je distinguer ce qui est bon de ce qui est mauvais ? Ton serviteur peut-il apprécier ce qu'il mange et ce qu'il boit ? Puis-je encore entendre la voix des chanteurs et des chanteuses ?" Le vieil homme – l'ensemble du passage le montre bien – ne veut nullement dire que son esprit s'est obscurci. C'est de sa capacité à goûter les plaisirs sensibles qu'il s'agit [...] les plaisirs en question sont de nature sexuelle. De fait, c'est sans doute à eux que le vieillard fait allusion puisque, dans la phrase suivante, il précise qu'il a également perdu le goût des plaisirs de la table.[1] » La sexualité apparaît donc comme ce qui autorise la connaissance « du bien et du mal » ou du « bonheur et du malheur », les enfants comme les vieillards en sont à la fois exclus mais aussi préservés. Résumons ces propos de la manière la plus concise : il n'est pas possible à l'être humain de continuer à obéir et, en même temps, de découvrir sa propre sexualité : pour ce faire, il doit s'autoriser de quelque chose, désobéir en quelque sorte.

Revenons à l'obéissance : celle-ci apparaît plus que jamais liée à l'enfance, propre à son état. Si l'on considère que « l'autorité requiert toujours l'obéissance », est-il alors possible de faire l'impasse sur le temps de l'enfance, sur la place de l'éducation pour comprendre à la fois le phénomène

---

1. *Ibid.*, p. 97-98.

énigmatique de l'autorité et celui qui apparaît tout aussi énigmatique, celui de l'obéissance ? La réponse semble aller de soi : évidemment, non ! Corrélativement, est-ce parce qu'obéissance et autorité appartiendraient au domaine de l'enfance que, pour autant, il conviendrait de les considérer comme des valeurs mineures, des pratiques archaïques incompatibles avec un fonctionnement social harmonieux, de ne voir en elles que des résidus symptomatiques d'une maladie infantile ? Le fonctionnement de la société humaine peut-il se couper radicalement de ce qui semble nécessaire pour « élever » les enfants ? Comment une société peut-elle parvenir à éduquer ses enfants si les valeurs qu'elle prône pour son propre fonctionnement semblent incompatibles avec les valeurs indispensables à l'éducation de ces futurs citoyens ? Qu'est-ce alors que l'obéissance ?

Obéir, c'est tendre l'oreille

Obéir vient du latin *obœdire* qui signifie « prêter l'oreille », de *ob* « devant » et de *audire* « écouter ». Obéir implique donc une part active, celle de prêter ou tendre l'oreille, et nécessite également le recours au langage : il n'y a pas d'obéissance sans langage ou du moins sans ses équivalents dans la communication, tel que le regard. Différence radicale d'avec la soumission qui, elle, s'accommode de la passivité chez celui qui se soumet et qui d'autre part se passe du langage (et du regard : « baisse les yeux ! »), puisque la soumission répond aux gestes de menace. Pourquoi l'enfant obéit-il ? Anticipons sur l'exemple du square que nous compléterons ultérieurement[1] : hésitant à pour-suivre son exploration, le jeune enfant se tourne vers le parent qui l'accompagne et cherche son regard. Ce dernier lui rend ce regard et ajoute un commentaire : « Vas-y, tu ne risques rien... » L'autorité autorise avant d'interdire, avons-nous dit ! Comme l'enfant se sent régulièrement autorisé à aller de l'avant, à découvrir le monde, quand parfois le propos parental s'inverse : « Non, reviens ici tout de suite, attention ne va pas là ! », il prend alors tout son sens. Parce qu'il est installé dans un lien de dépendance confiant, l'enfant pressent que cette demande parentale est justifiée : en quoi revenir auprès de son parent serait-il une punition ? Dès qu'il revient, l'enfant, en prime, reçoit des explications, un commentaire sur la situation : « Regarde, là, tu vois, il y a un gros chien », ou : « Les grands se lan-cent du sable... » L'enfant est enrichi d'une meilleure compréhension sociale qui lui permettra de mieux discer-ner les éléments pertinents pour ajuster sa conduite. Pour-quoi l'enfant, *spontanément*, interroge-t-il du regard son parent ? On l'a vu, parce qu'à peu près à la même période l'enfant passe beaucoup de temps à « jouer » à ce jeu du pointage où adulte et enfant s'amusent à partager des intentions et des intérêts communs, l'adulte interposant des mots entre l'objet désigné et le doigt tendu, offrant à son enfant le gain d'un mot qui, cependant, représente une sorte d'inter-diction symbolique, car si l'objet est parfois donné à l'enfant après avoir été nommé, il arrive aussi qu'on lui dise : « Non, tu ne touches pas, c'est dangereux

---

1. Voir le chapitre 6, p. 167.

(ou fragile). » Donc, ce dire qui s'interpose entre la main doigt tendu et l'objet aboutit le plus souvent à une offrande de l'objet : l'enfant peut le toucher, le prendre en main, en faire connaissance. Dans ce contexte, l'enfant fait confiance au parent et ne se sent pas outre mesure blessé par son incompétence motrice et par le fait qu'il dépend de la bonne volonté d'un autre. Cet autre n'est pas là pour lui nuire ni pour l'entraver, il est là pour le guider utilement et lui permettre de comprendre la complexité du monde. Obéir, ce n'est pas se soumettre, c'est pendant le temps de l'enfance apprendre le sens d'un lien de confiance, c'est découvrir qu'une relation humaine de dépendance peut aussi être enrichissante, source d'augmentation. Il n'y a pas d'obéissance sans lien de confiance préalable, car l'obéissance s'obtient sans utiliser de menace, ni physique ni morale, en quoi elle se distingue de la soumission. Notons que dans les exemples que nous avons donnés, *l'explication vient toujours après l'obéissance*, elle en représente le gain et non pas la condition. L'explication est l'acte de remerciement du parent à son enfant qui vient de lui obéir. Mais bien que venant *après* l'obéissance, l'explication est nécessaire et souhaitable car elle est facteur « d'augmentation » pour l'enfant. Il n'y a, en revanche, aucune explication après la soumission, sinon le sourire satisfait et triomphant de celui qui, du haut de sa puissance ou de son pouvoir de séduction, a réduit l'autre à sa merci.

Les bébés obéissent-ils ?

Une brève remarque nous permettra d'apporter un contrepoint : on ne dit pas d'un bébé, à partir de sa naissance et jusqu'à l'âge de 8-10 mois, qu'il obéit ou désobéit. On dit simplement qu'il mange bien ou refuse de manger (ou plus simplement encore : « il ne prend pas tous ses biberons »), qu'il dort bien, fait toutes ses nuits ou, au contraire, qu'il dort mal, se réveille et n'arrive pas à dormir, qu'il est souriant ou qu'il a l'air sérieux... Un bébé, ça ne désobéit pas plus que ça n'obéit ! Dans l'apport de ces soins précoces, le souci des parents est de se caler au plus près des besoins de l'enfant, surtout ses besoins physiologiques (repas, sommeil, toilette, câlins et caresses) et il ne leur vient pas à l'idée que ce bébé puisse désobéir tout comme eux-mêmes ne se sentent pas interpellés dans une dimension d'autorité. Quand le bébé pleure, les parents cherchent à en comprendre la signification et il n'y a guère qu'au moment du repas que l'adulte peut dire à son bébé, s'il crie : « Tu es bien pressé, attends un peu, ça va venir... » Ils essaient par ces propos de le calmer et de temporiser. Tant que le bébé est dans cet état d'impuissance motrice primaire, la question de l'obéissance, comme celle de l'autorité, ne se pose pas. En revanche, avec l'apparition des premiers comportements d'autonomie motrice – les progrès de la préhension avec la capacité de prendre, jeter, reprendre, le quatre pattes, les débuts de la marche – qui coïncident avec l'apparition des premiers mots, les parents commencent à s'adresser à la volition-volonté de l'enfant :

« Tu en veux ? », « tu n'en veux pas ? », « qu'est-ce que tu veux ? » Dès lors, la motricité et la capacité d'expression de l'enfant progressant chaque jour, l'acte d'obéissance ou de désobéissance prend sens peu à peu aux yeux des parents. C'est donc avec l'accession aux débuts de l'autonomie motrice et l'apparition des prémisses du langage que l'idée d'obéissance commence à germer dans la pensée des parents, précisément au moment où ils commencent à accorder à cet enfant, qui n'est plus tout à fait un bébé et qui devient un petit enfant, une capacité de vouloir.

L'obéissance prend sens avec l'émergence de ce vouloir autonome.

« *Tu poses ça !* » *L'exemple du couteau*

Voici maintenant un exemple que j'ai eu l'occasion d'observer et qui complète nos développements sur le square et le pointage[1]. Peu avant le repas, une maman vient de constater que son petit garçon âgé de 2 ans environ vient de prendre sur la table un couteau pointu. Elle le regarde et lui dit, le visage « froid », plutôt inexpressif sauf les sourcils légèrement froncés, sur un ton ferme mais neutre, en pointant du doigt sur la table : « Pose ça ! » L'enfant regarde sa mère et ne bouge pas, dix à quinze secondes se passent puis la mère ajoute sur un ton légèrement plus ferme et en accentuant le froncement des sourcils : « Tu le reposes tout de suite ! » Une dizaine de secondes se passent

---

1. Voir chapitre 6, p. 167 et 171.

encore avant qu'elle complète : « Tu as compris ! » Le petit garçon pose enfin le couteau sur la table, le visage de la mère se détend, sa voix devient plus douce et elle lui dit : « C'est bien ! » Puis elle lui explique que c'est dangereux et qu'on peut se couper avec un couteau… On notera qu'il s'agit à la fois d'une séquence bien banale de la vie quotidienne que peuvent partager un adulte et un enfant, et qu'en même temps elle représente à peu près la situation inversée de celle du pointage. Dans cette séquence, les deux partenaires se regardent et se considèrent l'un l'autre. La mère parle à l'enfant et sollicite sa compréhension (ce qu'il ne faut absolument pas confondre avec une explication : dans le cas présent la mère n'explique rien, le temps de l'explication viendra après). Pendant ces paroles, il n'y a pas d'action, on pourrait dire que le procès est suspendu, un minimum de temps s'écoule. Enfin l'enfant décide d'ouvrir la main et de poser le couteau. Il est actif dans cette séquence : c'est lui et personne d'autre qui a choisi de détendre les muscles fléchisseurs de ses doigts[1] ! Cette décision lui appartient et elle participe à la prise de conscience de sa capacité motrice propre : il en retire un sentiment d'*autonomie* sur son corps et sa motricité. L'obéissance conforte la conscience de soi et le sentiment d'autonomie.

---

1. On peut noter au passage que les muscles extenseurs des doigts sont précisément sous le contrôle de la motricité volontaire, là où les muscles fléchisseurs, par le réflexe de « grasping » ou de cramponnement, sont beaucoup plus conditionnés par une motricité automatique et involontaire : ouvrir la main est toujours un geste conscient et volontaire.

L'enfant a obéi, sa mère le remercie mais sans excès, son enfant reconnaît son autorité... Pour que cette séquence advienne, il y faut des mots, du temps et de la patience, une reconnaissance réciproque. Le jeune enfant gardera en souvenir le fait qu'il a choisi d'obéir car c'est lui qui a décidé d'ouvrir la main, et qu'un couteau est un objet dangereux. Il a gagné dans cette brève interaction un sentiment de liberté et une meilleure connaissance du monde.

On connaît la séquence inverse : la mère (ou le père !), inquiète (inquiet), se précipite sur l'enfant, saisit son bras et lui retire plus ou moins vigoureusement le couteau de la main. L'enfant a été contraint, il a subi passivement sans activité propre ; sur le moment, il ne comprend pas grand-chose, sinon que sa mère a crié et que lui-même a eu peur. Dans cette séquence, il y a eu surtout des gestes, peu de paroles sinon des cris, la soumission comme expérience, la peur ou la crainte comme émotion. Soit l'enfant continuera de se soumettre à cette peur au prix d'une inhibition et d'une incompréhension durable. Soit, curieux, il n'aura de cesse de chercher à comprendre en quoi le couteau est un objet si particulier qu'il a pu mettre sa mère dans cet état et, par conséquent, à s'en emparer dès que celle-ci aura le dos tourné... Il n'obéit pas, provoque la colère parentale quand on le découvre, accompagnée du besoin de lui retirer le couteau des mains, précisément parce qu'il n'obéit pas ! Rapidement, cet enfant ne comprendra plus que la soumission.

Il est permis d'obéir

L'obéissance, une relation de confiance

Partant de cet exemple et à mesure que le langage se développe, les parents apprennent à l'enfant *à demander avant de prendre*. Quand il le fait, le plus souvent le parent donne ce que l'enfant a demandé tout en le félicitant de sa demande. Double récompense qui « augmente » l'enfant à la fois de la chose obtenue et de la reconnaissance de son initiative relationnelle : il est préférable que l'action soit précédée d'une demande.

Tout comme l'autorité, l'obéissance s'inscrit dans une relation. Bien que cette relation soit asymétrique, un lien de confiance réciproque entre deux êtres humains a pu s'établir où l'un a renoncé au privilège d'utiliser sa force ou sa séduction et l'autre lui a accordé en retour une prime d'autorité, reconnaissance supérieure à la soumission craintive provoquée par la force ou au sentiment d'aliénation soumise suscitée par la séduction. En ce sens, le modèle proposé par le couple autorité-obéissance dans le champ de l'éducation permet d'en comprendre l'intérêt dans le champ des relations sociales. L'obéissance implique une confiance mutuelle, dans une relation de reconnaissance et de respect réciproque permettant aux êtres humains de se dégager parfois des rapports dominant-dominé ou de séduction-tromperie qui caractérisent, selon les espèces animales, les échanges entre congénères.

Cette relation d'autorité-obéissance est tout sauf naturelle, elle est même contraire aux « lois de la nature », relation hautement culturelle qui s'apprend peu à peu dès la

128

petite enfance. Elle permettra ensuite aux êtres humains de s'engager dans des relations de collaboration où les uns comme les autres peuvent y trouver une « augmentation ». Elle est une ouverture sur les possibles, une source de progrès. Toutefois, une telle relation ne peut s'instaurer que dans un climat de con-fiance qui autorise secondairement com-préhension et con-naissance du monde : la présence de ce même préfixe *cum* inscrit la nécessité d'un partage en commun, celui d'une croyance (fiance), d'une prise en main (préhension) des objets du monde et d'un éveil psychique (naissance) aux mots ; il témoigne aussi du rôle fondateur des interactions précoces entre l'enfant et l'adulte qui s'en occupe, dimension de transsubjectivité fondatrice. Si fondation il y a dans l'autorité comme dans l'obéissance, c'est autour de ce lien précoce dont il serait aberrant de croire qu'il s'agit d'une forme mineure, imparfaite et négligeable qui n'apporterait rien à la compréhension de l'autorité dans la société des adultes ou en politique. On peut noter au passage que, dans la relation pédagogue-élève, les mêmes ingrédients sont nécessaires : les élèves n'obéissent à l'autorité d'un pédagogue que s'ils obtiennent, dans une relation de confiance mutuelle, une meilleure compréhension et connaissance *du monde dans lequel ils vivent.* Encore faut-il qu'enseignant et élèves puissent partager un monde commun !

La soumission, le contraire de l'obéissance

Toute autre est l'exigence de soumission. Celle-ci n'appartient pas au registre de la parole mais à celui du comportement : il s'agit de « plier l'échine », de courber le dos, de baisser la tête... Contrairement à l'obéissance, dont le mouvement propre autorise une prise de conscience de soi, la soumission est d'abord un mouvement de conscience de l'autre au détriment de la conscience de soi. Là où l'obéissance implique toujours la parole – contrairement, on l'a vu, au monde animal –, la soumission relève du geste et du comportement physique : elle s'inscrit dans le registre éthologique des rapports dominants-dominés. Notons toutefois que si cette soumission est souvent obtenue par l'expression de la force, elle peut aussi être obtenue par les arguments de la séduction et de la tromperie. De nombreuses espèces animales ont ainsi développé des conduites particulières permettant à celui qui semble le plus vulnérable du seul point de vue de la vigueur physique de l'emporter grâce à ces comportements « trompeurs ». La soumission est donc une attitude en réponse au pouvoir de la force ou de la séduction. Style de relation efficace dans l'instant, elle entraîne toutefois une grande instabilité puisque le dominé, dès qu'il se sent plus fort, peut défier le dominant pour le remplacer. Le pouvoir du dominant est chaque jour et à chaque rencontre avec un congénère susceptible d'être remis en cause au prix d'un combat assez coûteux en énergie : ce que le dominant cherche, c'est à conserver sa place, jamais à « augmenter » le dominé. Il s'agit, au contraire, de maintenir constamment ce dominé dans une position inférieure. Le dominé subit le pouvoir et n'y gagne jamais rien. Il est évident que, dans les rapports humains, la relation pouvoir-soumission est aussi largement répandue. Il y a toujours, au fond de chaque être humain, un reste primaire de soumission qui le conduit à lécher la main de son maître dans l'espoir d'obtenir une caresse plutôt qu'un coup. D'autant plus que, symétriquement, il y a en chaque être humain un désir de faire plier le congénère et de l'amener à cette position d'assujettissement et de soumission, jouissance secrète intimement liée à l'exercice du pouvoir. Dans les relations sociales ou les rapports entre groupes d'individus (nations, groupes ethniques), on cherche trop souvent à masquer la pure et simple attitude de domination propre à l'exercice du pouvoir sous les nobles et vertueux habits de l'autorité. Les enfants, par leur faiblesse et leur petitesse, sont les premières cibles et les premières victimes de ce besoin primaire et archaïque dont aucun être humain n'est complètement dégagé ! Mais on aura compris aussi qu'un enfant régulièrement obligé de se soumettre (par la force ou par la séduction) n'aura de cesse de chercher à soumettre celui qui s'est ainsi imposé, dès qu'il se sentira plus fort. La crainte, la peur représentent l'affect qui règle ce type de relation, du côté de l'enfant tant qu'il est le plus faible, du côté de l'adulte quand l'enfant acquiert la vigueur et la séduction de la puberté. L'affrontement physique, ou sa menace, devient le régulateur potentiel de la relation, le plus souvent entre l'adolescent et l'adulte de même sexe, la tentative de séduction (« il faut savoir le prendre », « il faut le prendre en douceur »), l'instrument qui règle la relation entre le parent et l'adolescent de sexes opposés. Il n'y a pas d'issue à la soumission sinon l'inversion du rapport domi-nant-dominé. L'opposition systématique et la révolte restent les seules possibilités d'existence face au pouvoir du domi-nant. L'opposition est une quête permanente de libération d'une éducation inachevée.

L'adolescence, le temps de la désobéissance ?

Parce qu'elle se distingue de la soumission, l'obéissance rend possible, allons jusqu'à dire autorise, la désobéissance. On l'a vu avec l'histoire d'Adam et Ève, si l'obéissance caractérise le temps du paradis perdu, le temps de l'enfance, la désobéissance représente l'acte d'introduction dans la misère humaine, le temps de la chute dans le désir, clairement le temps de la confrontation à la sexualité. Cette sexualité tombe sur le corps impubère de l'enfant et le fait exploser… Écoutons cet adolescent de 16 ans : « Mon cœur bouillant s'agitait, se répandait, se dissolvait en débauches […] Je me laissais emporter par le torrent impétueux des passions, je transgressais toutes vos lois… », « Ce que ma mère voulait, et je me rappelle avec quelle ardente inquiétude elle m'en avertissait secrètement, c'était que je m'abstinsse du péché de fornication, et surtout de celui d'adultère… », « Il y avait dans le voisinage de notre vigne un poirier chargé de fruits qui n'avaient rien de ten-tant, ni la beauté ni la saveur. En pleine nuit (selon notre exécrable habitude nous avions prolongé jusque-là nos jeux sur les places), nous nous en allâmes, une bande de mau-vais garçons, secouer cet arbre et en emporter les fruits.

Nous en fîmes un énorme butin, non pour nous en régaler, mais pour le jeter aux porcs. Sans doute nous en mangeâmes un peu, mais notre seul plaisir fut d'avoir commis un acte défendu […]. Quel avantage ai-je tiré de ce larcin ? Aucun, car ce n'était rien en soi, et je n'en étais que plus misérable. Et cependant je ne l'aurais pas commis seul […] ce plaisir résidait pour moi dans la faute même, dans ce péché commis en compagnie […]. Quel était donc cet état d'âme ? Assurément il était tout à fait honteux, et malheur à moi qui m'y abandonnais […]. Pour moi, je n'aurais pas commis cette vilaine action tout seul… Mais que quelqu'un dise : "Allons-y ! faisons-le !" et l'on a honte d'avoir honte. » Qui est cet adolescent aux propos bien contemporains ? Saint Augustin dans ses *Confessions*[1]. Tout d'abord, saint Augustin n'obéit pas aux recommandations de sa mère et s'abandonne à la « fornication » : la sexualité le pousse à désobéir. Ensuite, il s'accuse d'un vol qu'il n'aurait jamais commis seul mais auquel il a participé parce qu'il ne pouvait se désolidariser de ses camarades, ayant alors « honte d'avoir honte », c'est-à-dire de ne pas se sentir à la hauteur du désir de transgression de ses camarades. Avant de parler de sa honte, saint Augustin s'interroge sur ce qui l'a poussé à commettre ce larcin : « Mais enfin qu'était cet état d'âme ? C'était un rire qui nous titillait le cœur à la pensée de duper les gens qui ne s'en doutaient

---

1. Citations successives : L 2, chap. 2, p. 34-35 ; L 2, chap. 3, p. 37 ; L 2, chap. 4, p. 39 ; L 2, chap. 8, p. 45 ; L 2, chap. 9, p. 46. Saint Augustin, *Les Confessions*, Garnier, 1964, trad. Joseph Tabucco ; rééd. Flammarion, 2008.

pas et en maugréeraient forcément. » La nécessité d'être avec ceux de son âge, de ne pas perdre leur estime et ensemble de se sentir solidaires contre ceux qu'on appelle- rait aujourd'hui les propriétaires ou les bourgeois est plus forte que le sentiment honteux de commettre un acte répréhensible : cette honte, il la ressent comme honteuse au regard de ses pairs. Double contrainte ressentie par l'adolescent : la contrainte de la sexualité et de ce qu'elle pousse à faire ; la contrainte du groupe des pairs et du besoin de se démarquer de la génération des adultes (on dit aujourd'hui : des vieux) en s'appuyant précisément sur ce groupe. À l'aune de saint Augustin, il n'y a pas d'adoles- cence sans désobéissance : la sexualité de l'individu ne peut pas s'apprendre dans les livres, elle ne peut que s'expéri- menter avec un autre. Certes, de nos jours, l'adolescent est censé avoir acquis la libre possession de son corps et la pos- sibilité d'avoir des relations sexuelles sans obtenir au préa- lable d'autorisation parentale (à partir de 15 ans du moins car, avant cet âge, les relations sexuelles ne sont pas légale- ment autorisées et les parents peuvent demander pour ces raisons une assistance éducative…), c'est du moins l'aspect purement légal. Mais l'expérience clinique montre que, dans la très grande majorité des cas, la première relation sexuelle de l'adolescent n'est pas sans mobiliser en lui l'image de ses parents et l'idée qu'il pourrait y avoir un changement important dans ses relations avec eux après cette expérience. La première relation sexuelle suscite tou- jours un réaménagement du rapport intrapsychique aux images parentales, réaménagement au cours duquel l'ado- lescent décide de cesser d'obéir à la règle de l'enfance.

D'ailleurs, beaucoup d'adolescents, après cette première relation sexuelle, se demandent si les parents pourront le « deviner » en les regardant et percevoir ce changement. Certains évitent de croiser le regard parental pendant quelque temps ! L'accession à la sexualité mobilise toujours chez l'adolescent le désir de se dégager de la tutelle parentale, de son ombre portée et de faire désormais sa propre expérience dans un domaine où il estime que *les parents n'ont rien à lui dire*. Bien évidemment, l'inconscient de chacun vient quelque peu perturber le jeu et l'on sait depuis Freud que le choix du partenaire est tout sauf innocent : le degré de liberté que l'inconscient accorde à l'adolescent dans ce choix est en réalité un excellent indicateur de l'emprise qu'exerce ou non le Surmoi. Le choix risque de ne pas être le même selon que l'adolescent se sent libre de désobéir (Surmoi souple témoignant d'une autorité bien tempérée) ou contraint de se révolter (Surmoi rigide, trace d'une exigence de soumission autoritaire). Si, dans le registre de la sexualité, la « désobéissance » appartient de nos jours au domaine strictement privé, en revanche, le besoin d'allégeance au groupe des pairs sollicite l'espace public et conduit souvent à des actes transgressifs qui, eux, se traduisent par des conduites de non-obéissance à la loi sociale. La fonction de ces actes est de cimenter la solidarité et le sentiment d'estime réciproque entre les membres du groupe. En retour, chaque adolescent reçoit du groupe un sentiment d'identité qui lui permet de mieux se différencier de l'ombre portée parentale. L'adolescent est toujours confronté à un choix parfois douloureux : à qui va-t-il obéir ? À la loi du groupe pour y trouver sa place, au risque de désobéir à ce qu'il ressent comme une faute ? À sa conscience qui le titille et fait clignoter en lui le sentiment de la faute, mais au risque de devoir se désolidariser du groupe et en apparaissant aux yeux des autres *comme un enfant encore soumis à la loi des adultes* ? Chaque être humain, au cours de son adolescence, a dû traverser plusieurs de ces carrefours où il a eu le choix entre obéir ou désobéir, soit à sa conscience, soit au groupe. Espérons que la souplesse de ce Surmoi et la conviction de sa conscience lui auront permis, en fonction de la nature mineure ou grave de l'acte transgressif envisagé, d'avoir chaque fois la liberté de s'engager dans l'une ou l'autre voie, d'avoir la liberté d'obéir ou de désobéir. L'éducation consiste précisément à cheminer avec un enfant jusqu'à ce point où nulle main autre que la sienne ne peut le guider. Si le choix de l'obéissance constitue un arrière-plan uniforme et assez plat où les conduites semblent silencieuses (l'inhibition est d'ailleurs le symptôme de cet excès de réserve), la désobéissance fait volontiers saillie : elle se remarque. Par cet acte, l'adolescent cherche à la fois à s'identifier à ses parents, aux adultes en général, à s'approprier la capacité de décider par lui-même et à se démarquer de son enfance, ce temps où l'obéissance était une précieuse protection. Il y a effectivement de l'orgueil dans l'acte de désobéir (on appelle cela aujourd'hui estime de soi et narcissisme), comme l'avaient bien remarqué les exégètes quand ils relevaient les paroles du serpent[1] à Ève : « Le jour où vous en mangerez, vos yeux

---

1. F. Flahault (*Adam et Ève, op. cit.*, p. 94) note que « le serpent était considéré dans l'ancien Orient comme un emblème de vie et de guérison » dont atteste encore aujourd'hui le caducée des médecins

s'ouvriront et vous serez comme des dieux… » L'orgueil de devenir adulte, d'accéder à la capacité de choisir par soi-même… mais de devoir porter le poids de ce choix, d'en assumer la responsabilité, quitter donc le « paradis » de l'enfance. La désobéissance est l'acte de liberté d'une éducation qui s'achève. Il n'y a pas d'obéissance (ou de désobéissance) sans possibilité de choix et l'autorité est précisément ce qui préserve, chez celui auquel elle s'adresse, ce sentiment, croyance ou illusion peu importe, de pouvoir choisir. Si l'autorité le plus souvent autorise et parfois interdit, symétriquement elle sollicite le plus souvent l'obéissance mais elle autorise parfois la désobéissance. L'éducation ne consiste pas à tout faire pour que les enfants obéissent, l'éducation consiste à les élever jusqu'à ce point où ils pourront choisir d'obéir ou de désobéir. L'être humain est alors « augmenté » du sentiment de liberté…

La notion d'obéissance est donc particulièrement difficile à cerner ! Tout comme l'autorité doit être dégagée de la gangue du pouvoir, de même l'obéissance doit être soigneusement distinguée de la soumission. Le couple autorité-obéissance apparaît ainsi comme l'extrait sublimé du couple primitif pouvoir-soumission. Il est vrai que ces deux couples s'entremêlent volontiers dans un ménage à quatre aux effets pervers ! Pour mieux en discerner les

---

et des pharmaciens. Quant à l'orgueil, c'est ce qui pousse l'homme à vouloir « vivre selon soi-même » et non pas à demeurer « par obéissance uni à Dieu », selon saint Augustin (*ibid.*, p. 56).

subtiles différences, il nous a paru pertinent d'interroger le couple autorité-obéissance non pas du point de vue de celui qui apparemment occupe la position haute, celle qu'on qualifiera de position d'autorité, mais à partir de celui qui est en position basse, celui auquel l'autorité s'adresse et qui a à obéir. Je ne pense pas que dans la séquence du square comme dans celle du couteau on puisse parler de petite autorité et de petite obéissance, bien qu'elles concernent les relations entre un adulte et un enfant d'un à 2 ans. Au contraire, on retrouve dans ces interactions absolument tous les ingrédients qui permettent de comprendre l'essence même de l'autorité et de l'obéissance, y compris dans la société des adultes et dans la vie politique, mais à condition de prendre soigneusement en considération la position de l'enfant et de lire l'interaction de l'enfant vers l'adulte, et pas seulement de l'adulte vers l'enfant, ou, pour généraliser, du bas vers le haut et pas seulement du haut vers le bas. Cette rotation dans l'angle de vue produit des éclairages nouveaux d'une grande pertinence pour comprendre aussi bien l'autorité que l'obéissance. Il n'y a pas de relation d'autorité-obéissance entre deux individus, adulte et enfant ou adultes entre eux, sans une relation préalable de confiance où l'un comme l'autre retirent de cette relation un gain, celui en particulier d'un partage de compréhension et de connaissance. Quant à la soumission, elle est à l'exact opposé de l'obéissance et plus encore elle en est le poison : plus il y a de soumission, moins il y a de possibilité d'obéir. Aussi, par rapport au pouvoir brut, celui de la force ou de la séduction, l'abnégation de l'autorité consiste précisément à se priver des arguments du pouvoir pour instaurer un style radicalement nouveau de reconnaissance réciproque entre les êtres humains. Le signe de cette nouveauté siège dans la dimension paradoxale et ambivalente du rapport autorité-obéissance, puisque l'autorité autorise la désobéissance et que l'autorité dans l'éducation consiste à conduire l'enfant jusqu'à ce moment où il s'autorise à ne pas obéir, où devenu adolescent il s'autorise lui-même.

5

Les fondements de l'autorité

Il est assez facile d'appréhender l'autorité par ses manifestations les plus concrètes : une mère exigeant de son enfant qu'il repose le bibelot, un enseignant demandant à ses élèves le silence, un gendarme réglant la circulation et désignant le véhicule qui doit s'arrêter, une hôtesse rappelant au passager d'attacher sa ceinture de sécurité, etc. Il est aisé de reconnaître que dans ces diverses situations, l'un des « agents » de l'action a autorité sur l'autre pour exiger de celui-ci un comportement conforme à ce qu'il demande. Mais peut-on, en guise de définition, se contenter de dresser le catalogue des situations où l'autorité se manifesterait ? Voire d'engager une tentative de typologie des diverses formes d'autorité ? Certains l'ont tenté mais ne semblent pas y être parvenus et ont manifestement renoncé[1] ! Car quand

_____

1. Dans *La Fin de l'autorité, op. cit.*, A. Renaut cite la tentative d'A. Kojève qui s'était lancé dans une sorte de typologie isolant quatre « types purs » d'autorité auxquels viendraient se joindre soixante types combinés… En réalité, cette tentative en restera à l'état d'ébauche et ne sera jamais publiée du vivant de l'auteur (*La Notion d'autorité*, manuscrit de 1942, publié en 2004, Gallimard).

on cherche à définir l'autorité, à en extraire le principe, à tenter d'en appréhender l'essence, les choses se gâtent sérieusement : dégager du catalogue des diverses circonstances concrètes le noyau central, le cœur de l'autorité, s'avère particulièrement difficile. Ainsi Alain Renaut ne cesse de parler de « l'énigme de l'autorité » : « affronter l'énigme de l'*auctoritas* », « l'énigmatique dimension de l'autorité », « le phénomène si énigmatique de l'autorité », « l'autorité introduit une dimension énigmatique, voire mystérieuse[1] ». Qu'y a-t-il donc de si mystérieux, de si énigmatique dans l'autorité quand chacun semble capable de donner des exemples concrets ? Dans le prolongement d'Hannah Arendt, Renaut cherche, en effet, à approfondir « le découplement irréversible qui s'accomplit sous nos yeux du pouvoir et de l'autorité ». Qu'est-ce qu'une autorité complètement dégagée de la gangue du pouvoir ?

Il est utile tout d'abord de revenir à Hannah Arendt[2] et de résumer son texte, écrit au milieu du XXe siècle au décours de la Seconde Guerre mondiale, en pleine guerre froide, arrière-plan politique qui en explique peut-être le profond pessimisme. Que dit-elle ? Dès les premières lignes de son essai, que l'autorité ne doit pas être confondue avec le pouvoir (*potestas*) : « Là où la force est employée, l'autorité proprement dite a échoué », nous y reviendrons. L'autorité, ce n'est pas non plus les arguments de la persuasion : « Là où on a recours à des arguments,

---

1. *Ibid.*, respectivement p. 59, p. 60, p. 115, p. 128, p. 72, p. 250.
2. H. Arendt, *op. cit.*, chap. 3, « Qu'est-ce que l'autorité », p. 121-185.

l'autorité est laissée de côté. » Sans pour autant définir son essence, Hannah Arendt en décrit le contexte de survenue : l'autorité est une relation inscrite dans une hiérarchie où celui qui commande comme celui qui obéit connaissent leurs places respectives, définies antérieurement et perçues comme justes et légitimes. L'autorité participe d'un trépied, tradition-religion-autorité, dans lequel chaque terme conforte les deux autres et trouve sa légitimité dans leur maintien. Dans ce registre, l'autorité appartient aux anciens, les *majores*, ces ancêtres dont le pouvoir était augmenté du fait qu'ils descendaient directement des fondateurs de Rome (ils y étaient reliés), car « le mot *auctoritas* dérive du verbe *augere*, "augmenter", et ce que l'autorité ou ceux qui commandent augmentent constamment, c'est la fondation ». La fondation (de Rome) est l'acte premier qui précisément « fonde » l'autorité et à partir duquel les anciens tireront et leur légitimité et leur augmentation de pouvoir grâce précisément à cette autorité. Le passé était sanctifié par la tradition, conforté définitivement par l'acte sacré de la fondation érigé en religion : *re ligare*, ce qui relie en arrière. La religion chrétienne et la conversion de Constantin[1] viendront faire le lien entre la dimension sacrée de la fondation de Rome et le rôle du divin : « Il n'y a point d'autorité qui ne vienne de Dieu, et celles qui existent sont constituées par Dieu. Si bien que celui qui résiste à l'autorité se rebelle contre l'ordre établi par Dieu » (saint Paul, *Épître aux Corinthiens,* 13, 1-7). La religion (chrétienne)

---

1. P. Veyne, *Quand notre monde est devenu chrétien*, Albin Michel, 2007.

vient au secours de l'Empire romain vieillissant et assure encore pour quelques siècles la pérennité de l'autorité ! La figure de Dieu, rapidement assimilée à celle du Père, occulte pour longtemps la critique de l'autorité. Philosophe et historienne, Hannah Arendt fait de l'autorité une construction historique, cherchant à dégager le concept d'autorité de ses encombrantes métaphores familiale et éducative pour tenter de mieux appréhender la notion d'autorité politique. Elle va d'ailleurs jusqu'à déclarer : « Dans l'éducation, on a toujours affaire à des gens (les enfants) qui ne peuvent encore être admis à la politique et à l'égalité parce qu'ils sont en train d'y être préparés [...]. C'est pourquoi il est si caractéristique de notre temps de vouloir extirper jusqu'à cette forme extrêmement limitée et politiquement sans importance de l'autorité[1]. » Nous reviendrons sur cette mise à l'index de l'autorité dans l'éducation qui ne serait qu'une forme mineure quasi négligeable de l'autorité, tandis que l'autorité en politique en serait la face noble et majeure ! Inutile de dire que nous ne partageons pas ce point de vue, avançant des arguments à l'exact opposé.

Quoi qu'il en soit, le fil rouge de l'autorité politique reste son ancrage dans le passé, ce qui donne à la tradition et aux anciens une autorité quasi « naturelle », autorité qui s'augmente d'une génération à l'autre. Une telle définition de l'autorité garantit la stabilité sociale, l'ordre politique et la hiérarchie entre les individus : c'est une forme d'autorité qui présente de nombreux avantages pour le fonctionne-

1. H. Arendt, *op. cit.*, p. 157.

ment d'une société lorsqu'elle prend pour règle la repro-
duction de la tradition. Mais on comprend assez aisément
que cette autorité peut conduire à un redoutable figement
social, que l'ordre peut vite se transformer en intolérance à
l'égard de tout « dérangement » ou de toute différence perçue comme une menace de désordre, que la hiérarchie peut
devenir une justification facile des diverses inégalités. Dans
ce registre, il y a évidemment d'un côté ceux qui « reçoi-
vent » l'autorité parce qu'ils sont des *majores* et, de l'autre,
ceux qui ne sauraient bénéficier de cette « augmentation ».
En quelque sorte, peut-on posséder l'autorité comme on
possède le pouvoir ? Nous ne sommes pas très éloignés
d'une évidence communément admise dans le monde
grec : il y a ceux qui sont « faits » pour commander et ceux
qui sont « faits » pour obéir ! Si dans la Rome antique,
cette forme d'autorité, s'appuyant sur le mythe de la fondation, a pu assurer la stabilité de l'Empire romain, force
est de reconnaître comme le fait Hannah Arendt que « la
crise du monde d'aujourd'hui est essentiellement politique
et que le fameux "déclin de l'Occident" consiste essentiellement dans le déclin de la trinité romaine de la religion,
de la tradition et de l'autorité[1]. » En effet, cette forme
d'autorité est profondément incompatible avec les deux
valeurs fondatrices des démocraties modernes, celle de la
liberté et celle de l'égalité. Cette fondation des démocraties
modernes, purement abstraite et conceptuelle, qui ne
s'érige pas au travers de murs ou de remparts comme pour
la cité de Rome, cette fondation aux limites floues et

---

1. H. Arendt, *op. cit.*, p. 183.

flottantes est-elle ou non compatible avec la notion d'autorité ?

Autorité et pouvoir : un don de la nature ?

Car, ainsi que le souligne Alain Renaut, cette forme d'autorité largement imprégnée de l'idée grecque du pouvoir paraît difficilement compatible avec les valeurs démocratiques contemporaines. Le monde grec, on le sait, n'a pas conceptualisé l'idée de l'autorité sur le modèle romain. Il s'en est tenu à la notion de pouvoir, lequel était donné par la « nature » qui instituait des différences et des hiérarchies. Cette distinction entre le concept de pouvoir chez les Grecs et celui d'autorité chez les Romains tient probablement au fait que la temporalité du monde grec était conçue sur un mode cyclique, celui de l'éternel retour, et non sur un mode linéaire instaurant de ce fait un temps originaire. Dans le monde grec, le passé ne pouvait être « sacralisé » à l'instar du mythe de la fondation et n'avait pas la possibilité de fonctionner comme une justification du pouvoir. Cette différenciation était donnée par la nature : l'homme avait le pouvoir sur l'animal, le maître sur l'esclave, le maître de maison sur sa maisonnée et l'adulte sur l'enfant. Aristote justifie ce pouvoir du maître par les différences de nature : « Ceux qui sont aussi éloignés des autres hommes qu'un corps l'est d'une âme et une bête sauvage d'un homme (et sont ainsi faits ceux dont l'activité consiste à se servir de leur corps, et dont c'est le meilleur parti que l'on puisse tirer), ceux-là sont par nature esclaves et il est meilleur pour eux d'être soumis à ce pouvoir d'un maître[1]. » Les esclaves devant travailler de leurs mains sont assimilés aux animaux utilisés, eux aussi, pour leur force, le « pouvoir » du maître sur ces esclaves y apparaît comme « naturel ». Il y a donc ceux qui sont faits pour commander, d'autres pour obéir et dans ce registre Aristote relève que « le mâle est plus apte que la femelle[2] à gouverner et le plus âgé, c'est-à-dire celui qui est complètement développé, plus que le plus jeune encore imparfait[3] ». Aussi « c'est la nature qui donne pouvoir[4], au père sur ses fils, aux générations précédentes sur celles qui suivent et au roi sur les sujets de la royauté[5] ». Cette métaphore de l'enfant en tant qu'être inachevé comme justification du pouvoir d'abord, de l'autorité ensuite, sera largement reprise au cours des siècles suivants.

---

1. Aristote, *Les Politiques*, Flammarion, 2008, I, 5, p. 21. Pour cette citation, j'ai suivi la remarque d'A. Renaut, *op. cit.*, p. 43, note de bas de page n° 2. Pour éviter les confusions pouvoir-autorité dont il est ici question et sachant que, chez les Grecs, il est uniquement question d'*archè*, j'ai rectifié la traduction qui a utilisé le terme autorité pour celui de pouvoir.

2. Femelle désigne strictement le sexe du corps et n'a pas la connotation péjorative qu'on lui connaît de nos jours.

3. Aristote, *op. cit.*, I, 12, p. 45.

4. Même remarque que pour la note 1.

5. Aristote, *Éthique à Nicomaque*, Flammarion, 2008, IX, 5. 7.1., p. 325.

L'autorité : une forme de « surpouvoir »

Ainsi le pouvoir échoit « naturellement » à la force, celle de l'homme sur la femme, des adultes sur les enfants, puis, par extension, celle des aînés sur les plus jeunes et des idées sur le travail physique. Mais pas plus que la justification par le passé, la justification par des inégalités de nature ne peut être acceptée de prime abord dans les démocraties modernes. C'est pourquoi Alain Renaut cherche à « découpler » pouvoir et autorité. « Là où les Grecs n'avaient forgé aucun terme correspondant à une telle notion et s'étaient bornés à parler de pouvoir, l'*auctoritas* est le terme que les Romains ont forgé, en le dérivant du verbe qui signifiait "augmenter" (*augere*), pour exprimer ce qui, dans le cadre de la relation de pouvoir, peut produire une augmentation de ce pouvoir […]. Une fois distinguées en effet *auctoritas* et *potestas,* il devient possible de se demander quand […] et de quelle manière cette "augmentation" peut être obtenue[1]. »

Les Romains font de la hiérarchie l'opérateur de différenciation entre pouvoir et autorité, cette dernière se plaçant au-dessus du pouvoir. C'est sur ces bases qu'Alain Renaut propose le terme « surpouvoir » pour qualifier l'autorité qui est en quelque sorte un pouvoir augmenté de quelque chose. Mais alors deux questions surgissent : 1) comment caractériser ce quelque chose ? ; 2) l'autorité saurait-elle se passer du pouvoir ? Cherchant à cerner au plus près la caractéristique de ce surpouvoir, Renaut reprend largement les développe-

---

1. A. Renaut, *op. cit.*, p. 43-44.

ments d'Hannah Arendt, reconnaissant lui aussi le rôle du passé, de la tradition et de la religion comme fondement de l'autorité, mais pour mieux se questionner de façon lancinante sur la dimension « énigmatique » de cette autorité et sur la place qu'elle peut occuper compte tenu des évolutions sociétales. Ce questionnement est d'autant plus lancinant que le pouvoir dans un état moderne se donne à lui-même ses propres limites afin de respecter l'exigence de liberté et d'égalité des citoyens entre eux. Dans ces conditions, le pouvoir ne conserve qu'une charge paradoxale, « celle de protéger les droits qui font que les citoyens sont des êtres libres[1] ». En quelque sorte, le piège terrible tendu à l'historien, au philosophe comme au politique semble être celui-ci : l'autorité apparaît indispensable à la marche du monde et à la vie en communauté dans toutes les sociétés, y compris les démocraties modernes ; mais les valeurs sur lesquelles semble reposer le concept d'autorité apparaissent de plus en plus incompatibles avec les valeurs que promeuvent ces mêmes sociétés contemporaines. Ainsi Alain Renaut s'interroge : « Comment recomposer une autorité pour augmenter le pouvoir quand : 1) le pouvoir s'est fragilisé à la faveur de la dynamique même de la modernité, quand 2) les formes traditionnelles de l'autorité se sont elles aussi fragilisées voire décomposées, quand 3) cette modernisation a pris en particulier à l'égard de la religion la forme de ce que nous pouvons désigner aussi bien en termes de désenchantement du monde que dans ceux d'une laïcisation de l'espace public[2] ? »

---

1. *Ibid.*, p. 57.
2. *Ibid.*, p. 80.

L'éducation des enfants : un modèle contesté de l'autorité

Dans ces conditions, doit-on considérer l'autorité comme un « surpouvoir » au-dessus du pouvoir ou doit-on la considérer comme étant à côté du pouvoir, assurant une fonction sociale bien différente de ce pouvoir ? C'est la question que posent avec insistance des auteurs tels que Marcel Gauchet ou Alain Renaut. Pour le premier, la cause est entendue : « L'autorité a cessé d'être une valeur explicite dans la vie sociale […] son invocation n'a plus de sens […] mais cette dissolution laisse intacte l'autorité en tant que telle. Si elle a disparu en tant que valeur sociale, elle perdure en tant que mécanisme […] elle demeure une dimension effectuante de l'existence sociale[1] ». Mais en même temps on ne peut se passer de la notion d'autorité dans l'éducation car « l'enjeu de l'autorité éducative, dans le système symbolique de nos sociétés, n'est rien d'autre que la garantie publique de l'accessibilité du monde commun ». Renaut[2] constate lui aussi que, bien qu'insaisissable, l'autorité n'en est pas moins incontournable et indispensable dans l'éducation des enfants, en famille comme dans l'institution scolaire. En effet, pendant des siècles le modèle de la famille et de l'autorité du père sur ses enfants a servi de justification et souvent d'explication pour rendre compte de l'autorité dans la société : « Le gouvernement de la maison est le vrai modèle

---

1. M. Gauchet, « Fin ou métamorphose de l'autorité », dans l'ouvrage collectif *Conditions de l'éducation, op. cit.*, p. 146-147.
2. A. Renaut, *op. cit.*, p. 167.

du gouvernement de la République[1] », écrivait Jean Bodin en 1576. Et Renaut de s'interroger : « Que reste-t-il de ce qui pouvait jadis sembler apparenter le pouvoir du père de famille et celui du chef de l'État, et qui nourrit encore quelques lieux communs [...] entre l'art de gouverner et les pratiques d'un bon père de famille ?[2] » Dans son chapitre sur la crise de l'éducation, Hannah Arendt, après avoir noté que « depuis des temps immémoriaux notre tradition de pensée politique nous a habitués à considérer l'autorité des parents sur les enfants, des professeurs sur les élèves, comme le modèle qui permet de comprendre l'autorité politique[3] » et avoir souligné que ce modèle se trouve déjà chez Platon et Aristote, Hannah Arendt, donc, considère que ce modèle de la petite enfance ne peut plus être utilisé car il se fonde « sur une supériorité absolue » (de l'adulte sur l'enfant) qui, du point de vue de la dignité humaine, ne peut plus être utilisé aujourd'hui et sur « une supériorité purement temporaire » (le temps de l'enfance), tandis que les relations sociales entre gouvernants et gouvernés relèvent de la permanence. Aussi, dans les sociétés démocratiques, « parce que le choix des valeurs de l'égalité et de la liberté ouvrait sur une société qui ne reposait plus ni sur la reconnaissance de hiérarchies naturelles entre les êtres humains, ni sur l'autorité mécanique de la tradition, il ne pouvait que fragiliser intrinsèquement des dispositifs qui, comme ceux de l'éducation, s'étaient structurés bien plutôt selon les valeurs mêmes de la hiérarchie

---

1. *Ibid*, p. 94.
2. *Ibid.*, p. 132.
3. H. Arendt, *op. cit.*, p. 244.

naturelle et de la tradition[1] ». En quelque sorte, les valeurs prônées par nos sociétés démocratiques sapent les fondements sur lesquels repose le concept d'autorité qui lui-même s'appuyait largement sur le modèle de l'éducation. En retour, ce travail de sape menace de rendre caduc ce concept d'autorité dans ses implications et applications à l'éducation des enfants, en famille comme à l'école. Il en résulte une « crise de l'éducation » venant redoubler la « crise de l'autorité » ! Faut-il alors « sanctuariser » le domaine de l'éducation des enfants et « séparer fermement ce domaine des autres domaines, et surtout celui de la vie politique et publique[2] », ainsi que semble s'y résoudre Hannah Arendt ? Il y aurait alors une autorité politique et démocratique d'un côté et une autorité éducative et conservatrice de l'autre, ce qu'Hannah Arendt n'hésite pas à cautionner par un paradoxe dont le côté brillant ne doit pas masquer l'aspect peu convaincant : « C'est justement pour préserver ce qui est neuf et révolutionnaire dans chaque enfant que l'éducation doit être conservatrice[3] » ! Ainsi, en cherchant à se « décrocher » de l'autorité éducative, le concept d'autorité politique perd toutes ses assises conceptuelles. Pour changer l'eau du bain, faut-il jeter le bébé ? À cela Alain Renaut, à juste titre, s'oppose en reconnaissant « qu'une sanctuarisation de l'espace éducatif équivaudrait à exposer nos existences et nos consciences à d'incessants conflits internes entre les valeurs dont nous nous inspirons dans la grande société et celles sur

---

1. *Ibid.*, p. 153.
2. *Ibid.*, p. 250.
3. *Ibid.*, p. 247.

lesquelles nous nous réglons dans la microsociété familiale et scolaire[1] ».

L'autorité : un symptôme de l'immaturité de l'enfant ?

Nous voilà au pied du mur : si l'on considère que l'autorité est un « surpouvoir » provenant d'une « augmentation » dont bénéficie celui qui l'exerce, si l'on considère que l'autorité s'appuie nécessairement sur le passé, la tradition et la religion, si elle implique une hiérarchie source d'inégalités, si, en politique, ces bases conceptuelles ne peuvent plus faire l'objet d'un consensus social, alors comment comprendre et surtout justifier de l'usage de cette autorité dans le domaine de l'éducation des enfants où, quoi qu'on fasse et qu'on dise, elle apparaît, *de facto*, difficile à rayer d'un trait ? Faut-il se résoudre à imaginer deux types d'autorité, le premier propre à « la grande société », pour reprendre l'expression volontairement ironique d'Alain Renaut, une autorité démocratique dont les bases resteraient d'ailleurs à préciser, et l'autre pour la petite société, celle de la famille et de l'école, une autorité éducative conservant les ressorts conceptuels traditionnels utilisés depuis des siècles ?

Parmi les critiques et contestations portées à l'autorité sociale et politique, il en est une qui revient régulièrement en partant précisément de l'habituelle comparaison avec l'enfance et du constat que l'usage de l'autorité paraît

---

1. A. Renaut, *op. cit.*, p. 155.

difficilement évitable dans le champ de l'éducation. L'ouvrage de Gérard Mendel, *Une histoire de l'autorité*[1], est l'exemple même de cette démarche. L'auteur y dénonce, en effet, la pirouette que philosophes, sociologues ou essayistes divers sont contraints d'effectuer pour justifier de l'existence d'une « autorité démocratique » dont il constate « qu'elle est maintenant à base de discussion publique, d'égalité des partenaires, d'argumentation, de justification, de contrat, de consensus [...]. D'arbitraire et imposée, elle devient consensuelle et négociée[2] » ! Tout le contraire donc de ce que semblaient être les fondements du concept d'autorité. Il souligne aussi le paradoxe auquel ont recours ces mêmes essayistes pour qui « l'autorité, tout au contraire d'être morte, représente la vie même, la valeur suprême [...] à la condition de bien former le futur citoyen à l'intérieur d'une école transformée en espace de "non-droit" et de "non-Démocratie"[3] ». L'autorité dans la société ne peut être sauvée qu'en fétichisant l'autorité éducative, en lui conservant soigneusement ses oripeaux les plus traditionnels. On retrouve ici le même paradoxe que celui dénoncé par Alain Renaut dans l'éducation des enfants : peut-on leur apprendre la notion de liberté en leur imposant une relation de contrainte et d'obligation ? Peut-on de la même manière apprendre aux enfants ce que serait une autorité démocratique en usant pour le faire d'une autorité hiérarchique et conservatrice ? Tous ces auteurs, Gérard Mendel

---

1. *Op. cit.*
2. *Ibid.*, p. 97.
3. *Ibid.*, p. 97-98.

y compris, donnent le sentiment très vif qu'ils ne peuvent se résoudre à abandonner l'idée d'autorité, qu'ils sont obligés d'en reconnaître la nécessité tant dans la société que dans l'éducation (l'éducation des enfants ne ferait-elle pas partie de la société ?), mais qu'ils ont les plus grandes difficultés à maintenir un minimum de cohérence conceptuelle entre ces deux domaines. Mendel n'hésite pas dans sa réponse : « L'autorité s'enracine des deux côtés : chez l'individu dans la blessure anthropologique que représente le sentiment abandonnique de l'espèce ; dans la société, où elle occulte contradictions et conflits[1]. » Dit plus trivialement, l'autorité dans la société est le cache-misère de la faiblesse de l'enfant et des adultes qui peinent à ne plus être des enfants. La faiblesse de l'enfant justifie l'attitude d'autorité de l'éducateur, et c'est parce qu'en chaque être humain il persiste un résidu d'enfance que l'autorité est nécessaire dans la société. Le sous-entendu implicite est que l'autorité sociale serait « naturellement » inutile si tous les individus se comportaient comme de vrais adultes ! Serait-ce à dire également que, si les adultes étaient tous de vrais adultes, il n'y aurait plus de conflit et que les affrontements d'intérêts divergents trouveraient une solution « intelligente et adulte » permettant que la société puisse se passer de toute forme d'autorité ?

Ce besoin de recourir à l'autorité proviendrait donc de la néoténie des êtres humains. On entend par ce terme le fait qu'à sa naissance le petit d'homme est dans un état de grande immaturité proche d'une sorte de prématurité

---

1. *Ibid.*, p. 99.

physiologique. Cette néoténie explique la nécessité et de l'éducation et de l'autorité dans l'éducation : l'impuissance du petit d'homme donne « naturellement » à l'éducateur (parent, enseignant) une position de force, haute, en un mot « augmentée », qui justifie son pouvoir puis son autorité sur l'enfant. Ce pouvoir « augmenté » l'est encore par la crainte du petit enfant de perdre cet appui : c'est parce qu'il a peur d'être abandonné que le jeune enfant se soumet aux commandements de son parent et conforte par là même l'autorité de ce dernier. Si d'aventure il commet une bêtise ou refuse d'obéir, il encourt le risque de perdre l'estime et l'amour de ce parent, perte qui pour être symbolique n'en est pas moins redoutée par l'enfant : « La chose est simple, l'enfant a peur s'il n'obéit pas de perdre l'amour du parent, cette puissance suprême dont il dépend entièrement[1]. » La « chose » est-elle si simple ? Mais, quoi qu'il en soit, la boucle est bouclée, le piège se referme et il devient quasiment impossible de sortir de cette position verrouillée. L'autorité s'explique par ce « familialisme social », noyau originaire dont dérivent les expressions sociales de cette autorité, dérives qu'on pourrait assimiler à des résurgences défensives et symptomatiques de la névrose infantile. Et Mendel d'utiliser, en guise d'exemple développé sur plusieurs pages de son essai, « la peur du gendarme » ! L'autorité dans la société est donc une sorte de symptôme résiduel d'une maladie infantile : « L'autorité représente comme le symptôme sous lequel le sentiment abandonnique se manifeste universellement, un symptôme

---

1. *Ibid.,* p. 52.

inévitable[1]. » L'auteur conclut : « L'autorité articule, chez l'individu, la défense sociale avec, à la fois, cette angoisse d'abandon et un signal menace, explicite ou subliminal, selon lequel cette défense sauterait en cas de non-obéissance[2]. » Cette thèse, difficilement défendable par son simplisme (peut-on raisonnablement assimiler le concept d'autorité à un symptôme de la névrose de l'enfant puis de l'adulte ?), pose cependant une question essentielle : l'enfance n'occupe-t-elle pas une place centrale et incontournable pour comprendre sur le fond le concept d'autorité, aussi bien l'autorité sociale et politique que l'autorité éducative ? Finalement, les tentatives des philosophes, des historiens ou des politiques pour découpler autorité dans l'éducation et autorité politique aboutissent à une impasse sauf à sanctuariser le domaine de l'éducation, ce qui, on l'a vu, apparaît peu probant et conceptuellement inepte. Mais si l'on conserve l'idée qu'autorité éducative et autorité politique sont l'une et l'autre issues du même tronc, doit-on pour autant assimiler l'autorité à un symptôme quasi pathologique, celui d'une névrose résultant de la vulnérabilité du petit d'homme ? Si l'on accepte l'idée d'une continuité entre ces deux formes d'autorité, dans l'éducation et en politique ou dans la vie sociale en général, nous devons nécessairement nous engager dans une révision approfondie et argumentée du concept d'autorité dans l'éducation !

---

1. *Ibid.*, p. 74.
2. *Ibid.*, p. 248.

L'angoisse d'abandon et l'immaturité fondent-ils l'autorité ?

Il est nécessaire de revenir sur les arguments de Gérard Mendel, d'abord parce qu'ils résument fort bien ceux d'auteurs précédents et que ce sociologue les reprend en grande partie, ensuite parce qu'ils représentent un arrière-plan de croyances explicites ou implicites qui embrouillent constamment le raisonnement. Commençons par la question de l'angoisse d'abandon. L'autorité serait le symptôme éducatif puis social de l'angoisse d'abandon : telle est la thèse centrale de l'ouvrage de Mendel. Il s'appuie dans sa démonstration sur les travaux de Germaine Gex, psychanalyste suisse, qui décrit sous le terme de *Syndrome d'abandon*[1] le comportement compulsionnel de sujets toujours à la recherche d'un lien affectif, mais provoquant chaque fois une rupture dès que ce lien risque de perdurer. Germaine Gex interprète ces ruptures comme un besoin inconscient de revivre un abandon initial dans l'enfance. Il est incontestable que ce comportement d'allure paradoxale s'observe assez régulièrement chez les adultes et surtout les adolescents qui, dans leur passé, ont subi des ruptures affectives. Mais ces comportements sont secondaires à la perte du lien : ils n'en sont pas à l'origine. Pour qu'une angoisse d'abandon surgisse, encore faut-il qu'il y ait eu au préalable un lien affectif de qualité correcte ! Dans les situations de grave carence affective ou de délaissement précoce, on

---

1. Paris, PUF, 1950, 1ère éd., 1973, 2e éd.

observe au contraire des enfants qui semblent s'autonomiser précocement, capables de survivre dans des bandes, comme on le voit dans certaines banlieues misérables des grandes mégapoles de pays sous-développés. Ces enfants se méfient profondément des adultes, vivent sous le joug d'enfants à peine plus âgés qui font régner la loi du plus fort dans un climat de violence et de sauvagerie, même si, de temps à autre, un plus petit ou un plus faible semble recevoir un minimum de protection. Chez ces enfants, ce n'est certainement pas l'angoisse d'abandon qui peut être susceptible de les réintroduire dans la société. Par ailleurs, Mendel ne fait à aucun moment référence à la théorie de l'attachement qui a largement supplanté les hypothèses de Germaine Gex. Un attachement qualifié de *secure* permet précisément une exploration tranquille de l'environnement, tandis qu'un attachement anxieux maintient l'enfant à proximité immédiat de son parent et le rend très sensible à toute forme de séparation. On parle d'ailleurs plus volontiers, de nos jours, d'« angoisse de séparation » que d'« angoisse d'abandon », même si ces deux formes d'angoisse ne sont pas strictement équivalentes. Un enfant bénéficiant d'un attachement *secure* serait-il moins respectueux de l'autorité qu'un enfant souffrant d'une forme d'attachement anxieux ou désorganisé ? L'expérience clinique montre qu'il n'en est rien… Plus que d'une crainte d'abandon, toujours secondaire, le besoin primaire d'un enfant est un besoin d'attachement certainement pas spécifique des êtres humains, mais un besoin commun à de nombreuses autres espèces animales comme l'ont bien montré les travaux de John Bowlby. Ainsi, selon Mendel, l'angoisse d'abandon suscite la peur qui elle-même pousse l'enfant à se rapprocher du parent et à s'y soumettre, cautionnant son autorité. La peur constituerait l'unique ciment du « vivre ensemble », le lien social à l'origine du fonctionnement de la société. Si, incontestablement, à l'image de nombreuses espèces animales, dans bien des situations le fait d'être ensemble donne plus de force et de pouvoir que d'être seul, pour autant considérer que la peur de la solitude et de l'abandon est le principal motif de ce regroupement conduit à méconnaître chez tout être humain le besoin primaire d'attachement et le besoin de rencontrer la considération de l'autre. Enfin, pour Mendel, l'angoisse d'abandon s'explique par l'immaturité et la néoténie du nouveau-né humain, ce qui risque fort de constituer un autre contresens.

La néoténie : une chance pour l'évolution

En effet, cette immaturité de l'enfant fut pendant longtemps, et cela jusqu'au dernier quart du XXe siècle, soit les années 1970, comprise comme un manque, un relatif défaut. Elle représentait un inachèvement, donc une imperfection : l'enfant était par définition un être inachevé, l'adulte en était la forme accomplie ! Cette immaturité a été théorisée dès le début du XXe siècle par Louis Bolk[1], un embryologiste hollandais, sous le terme de néoténie. Celui-ci considérait que l'important développement du cerveau (en particulier les hémisphères frontaux) du fœtus avait en

---

1. L. Bolk, « Le problème de la genèse humaine », 1920, trad. in *Revue française de psychanalyse*, 1961, vol. 2.

quelque sorte contraint à une naissance prématurée afin que ce fœtus puisse traverser ce que les gynécologues appellent « la filière génitale », c'est-à-dire la circonférence interne du bassin féminin. L'exceptionnel développement du cerveau, et par conséquent du crâne, chez le petit d'homme a donc imposé cette naissance prématurée et rend compte de l'extraordinaire fragilité et vulnérabilité du nouveau-né humain. Mais selon tous les spécialistes de l'évolution, cette prématurité constitue la clef du succès de l'espèce humaine. Certains scientifiques, tel Jacques Monod, font même du « retardement de l'évolution » le facteur explicatif central de la capacité d'évolution, de socialisation et d'apprentissage de l'être humain. Ainsi, loin d'être un défaut, l'immaturité du nouveau-né, ou pour être plus précis sa néoténie, apparaît au contraire comme une immense possibilité d'évolution, comme une chance et une richesse pour l'espèce humaine ! Dès lors, considérer que l'immaturité de l'être humain à sa naissance constitue un handicap, lequel justifie l'autorité perçue comme une contrainte plutôt négative et socialement néfaste, apparaît pour le moins contradictoire et peu convaincant. Comment l'immaturité de l'enfant pourrait-elle être pour l'évolution de l'espèce humaine la source de son succès et, dans le même temps, comment cette même immaturité pourrait-elle représenter un résidu « infantile » néfaste pour le fonctionnement de la société ? Ce qui serait bénéfique pour élever un être humain deviendrait soudain néfaste dans les rapports sociaux ? N'aurait-on pas intérêt à renverser la proposition et à considérer que si l'autorité apparaît comme une condition nécessaire et bénéfique à l'éducation des enfants, c'est aussi parce que cette forme de rapport entre les êtres humains a apporté à leur vie sociale une « augmentation » précieuse ? C'est *parce que l'autorité permet d'élever les enfants* que dans la société l'autorité continue de jouer ce rôle si complexe, si ambigu et si indispensable. Non ! L'autorité n'est pas une maladie « infantile » de la société qui dans sa forme la plus évoluée pourrait s'en passer, c'est au contraire une forme subtile et évoluée de rapport entre humains, différente des rapports de soumission dominant-dominé (par la force ou la séduction) caractéristiques du monde animal. L'autorité est une forme proprement humaine qui, dès la naissance du petit d'homme, règle les relations interhumaines puis sociales en accordant aux sociétés humaines une « augmentation » qui a autorisé l'évolution que l'on connaît.

6

Du pouvoir à l'autorité
ou de la possession à la possibilité

Quel est alors le noyau de cette forme subtile et énigmatique qui règle ces rapports entre les humains ? Une fois affirmé que l'autorité ce n'est pas le pouvoir, comme le font, à la suite d'Hannah Arendt, tous les auteurs qui écrivent sur ce thème, qu'a-t-on apporté de plus dans cette définition en négatif (l'autorité ce n'est pas...) qui permette de préciser *en positif* ce concept ? Pour y parvenir, il semble nécessaire d'approfondir le sens du verbe « pouvoir ». Le *Dictionnaire historique de la langue française* souligne la complexité de son étymologie. Venant de *podeir* puis *pooir* et enfin *povoir*, le terme est issu du latin populaire *potere*, lui-même réfection du verbe classique *posse*, « être capable de... ». La conjugaison de *posse* (*possum, potes, potest*) découlerait d'une contamination par un ancien verbe *poteo*, qui a fourni le parfait *potui*, le participe présent *potens* et qu'on retrouve dans la locution *potis est* « il est possible », condensé ultérieurement en *potist* ou *potest* « c'est possible ». *Potere* se rattache à l'adjectif *potis* « maître de, possesseur de... » qui donne le dérivé « posséder ». *Potis* est lui-même issu d'un thème indo-européen

163

poti qui désignait le chef d'un groupe, clan, tribu ou famille, terme reconstitué grâce au grec en *posis* pour « époux » et au sanskrit *patih*, « chef de famille ». Il y a donc dans le verbe « pouvoir » deux branches assez distinctes, l'une tournée du côté de la possession, l'autre du côté de la possibilité. L'étymologie de « pouvoir » condense ces deux significations, « être en possession de... » mais aussi « avoir la possibilité de... ». La substantivation de l'infinitif met largement en exergue dans sa signification implicite la première branche de l'alternative. Dès le XIIᵉ siècle, « le » pouvoir désigne d'abord la possession, et cette possession du pouvoir dans son expression politique et sociétale reléguera dans l'ombre la dimension du possible. Mais cette disposition latente au possible ne serait-elle pas l'ajout subtil, susceptible « d'augmenter » la simple possession pour parvenir à sublimer ce pouvoir de possession en un pouvoir du possible, ce complément apportant en prime l'autorité ? Ainsi, quand Pierre-Henri Tavoillot définit « la philosophie politique comme la quête de ce qui permet d'augmenter le pouvoir[1] », il prend de toute évidence en considération la seule « possession du pouvoir » ; ne devrait-il pas plutôt dire : « la philosophie politique est la quête de ce que le pouvoir permet d'augmenter », science de la prise en compte des possibilités (d'augmentation) qu'apporte l'exercice du pouvoir ? Si l'homme politique détient le pouvoir de décider, pour autant cela ne suffit pas à assurer son autorité. Pour ce faire, il faut que les déci-

---

1. P.-H. Tavoillot, « Qu'est-ce qui a changé dans l'autorité ? », *Les Notes d'Eurogroup Institut*, n° 6, 2007.

sions prises apportent une « augmentation » à l'ensemble des individus qui ont participé à cette délégation de pouvoir (soit l'ensemble de ceux qui ont voté ou, par extension, l'ensemble des citoyens et pas seulement les individus qui ont voté pour lui). Si la décision prise par le politique apporte à la nation, au peuple, aux citoyens une « augmentation », cet homme politique verra son « pouvoir » augmenté de l'autorité. Dans le cas contraire, et dans une démocratie, il sera dépouillé de toute autorité et à la première occasion (le vote suivant) dépossédé du pouvoir. Il va de soi que plus la nation est grande, plus les citoyens sont nombreux, plus les intérêts des uns et des autres divergent, plus l'exercice est périlleux et incertain. George Bush a eu le pouvoir de déclarer la guerre à l'Irak, le jeu de la démocratie le lui a permis. Si cette décision avait apporté au peuple américain ou aux États-Unis une augmentation de sécurité, de fierté ou d'honneur, de puissance militaire, de richesse ou de pétrole, ce président aurait de surcroît été paré d'autorité et, à n'en pas douter, sa décision serait apparue comme légitime et pas seulement légale. Le peuple américain pas plus que les États-Unis n'ayant obtenu le moindre gain à la suite de cette décision, au contraire, l'homme politique a été rapidement déconsidéré et bien que cette décision ne soit pas contestée dans sa légalité, elle apparaît néanmoins dénuée de toute légitimité. Toute décision politique qui donne une « augmentation » (à la nation, au peuple, aux citoyens) accorde au politique la prime de l'autorité. Inversement, quand une décision prise par un homme politique (ou un parti) affaiblit le peuple, les citoyens, la nation, cet homme politique perd tout espoir de se voir reconnue une quelconque forme d'autorité et, de plus, dans une démocratie il perd rapidement le pouvoir. Pour qu'un chef bénéficie d'une prime d'autorité, il faut que ses décisions apportent une « augmentation » à ceux sur lesquels s'exerce ce pouvoir de décider. Inversement, « les petits chefs », ceux qui ne savent apporter aucune « augmentation », sous prétexte qu'ils sont délégataires d'une parcelle de pouvoir, se croient *ipso facto* investis d'autorité. Ils confondent autorité et pouvoir, se tournant eux-mêmes en ridicule dans cette vaine revendication d'autorité. De même, un juge a le pouvoir de juger mais il n'a pas d'autorité en soi. En revanche, la décision de justice « fait autorité » et cette décision aura d'autant plus d'autorité qu'elle fera jurisprudence, mais dans le cas contraire, elle restera un événement singulier, regardé comme une curiosité à la limite de la normalité. Un président-directeur général a le pouvoir de prendre une décision, mais c'est le résultat de cette décision qui, en « augmentant » la capacité de la société, fait autorité, comme on dit que « le marché (boursier) fait autorité ». Et si l'emballement des places boursières aboutit soudain à un appauvrissement général, alors l'« autorité de régulation » intervient pour établir des règles qui feront autorité, intervention demandée souvent par ceux qui étaient auparavant les tenants les plus farouches du laisser-faire. Dans tous ces exemples, nous avons sous nos yeux les effets du « découplement » entre pouvoir et autorité, ce qu'Alain Renaut considérait comme irréversible, mais ce découplement accompli, il reste à tenter d'appréhender cette énigme de l'autorité !

L'autorité de l'infantile : l'exemple du square

Entre la possession et la possibilité, le pouvoir doit choisir. Pour être paré de l'autorité, le pouvoir doit renoncer à l'exclusivité de la possession pour s'attacher à ouvrir la dimension du possible. Qu'en est-il alors du pouvoir d'éduquer les enfants et de l'autorité dans le rapport adulte-enfant, parent-enfant ? Nous partageons le point de vue d'Alain Renaut : il n'est pas possible de sanctuariser les domaines de l'enfance et de l'éducation pour comprendre l'autorité et de faire comme s'il existait deux types d'autorité fondamentalement hétérogènes entre eux. Et celui de Gérard Mendel pour qui l'autorité dans l'éducation n'est pas une petite forme négligeable d'autorité. Au contraire, elle doit être comprise comme la source même de l'autorité dans la société.

Mais nous sommes en désaccord avec l'un et l'autre, d'une part parce que l'autorité ce n'est pas une « augmentation » de la dimension possessive du pouvoir, d'autre part parce qu'on ne peut pas considérer l'autorité comme conséquence pure et simple de la faiblesse et de l'immaturité de l'enfant, comprises l'une et l'autre comme des valeurs négatives. Comment l'évolution de l'espèce humaine pourrait-elle reposer sur un processus essentiellement restrictif et négatif ? N'y aurait-il rien de positif dans l'autorité ? Dans un précédent ouvrage, nous avons parlé de l'autorité de l'infantile, une autorité qui « ne s'adosse plus au passé et ne se réfère plus à l'expérience, mais qui se construit sur le futur[1] ». L'autorité de l'infantile, c'est celle du potentiel de développement de l'enfant, la part dont il s'augmente en grandissant. Au cours des dernières années, la perception par le monde scientifique de la notion d'immaturité a changé radicalement : les scientifiques sont ainsi passés d'une vision « déficitaire » de l'immaturité (tout ce qu'il y a en moins dans l'immaturité du nouveau-né, du jeune enfant par rapport à l'adulte, ou en d'autres termes tout ce que l'enfant ne possède pas que l'adulte possède) à une vision positive de cette même immaturité, son potentiel de développement : tout ce qu'elle rend possible que ne permet plus la forme achevée. La plasticité, la capacité d'adaptation et de réorganisation, l'extrême richesse d'un potentiel correctement stimulé, tout cela caractérise « l'infantile » en tant qu'il constitue un état évolutif non encore fixé. Par exemple, concernant les cellules embryonnaires et fœtales, on parle de totipotence pour caractériser la capacité de ces cellules à se différencier en de multiples types de cellules, potentiel que perd la cellule une fois que la différenciation est terminée. On sait aussi que plus un enfant est jeune, plus sa plasticité neuronale peut permettre des récupérations neurologiques inaccessibles aux adultes. Cela est maintenant bien connu et les exemples pourraient être multipliés. Si, en termes de « possessions », l'enfant en a moins que l'adulte, en termes de possibilités, il est infiniment plus riche. En revanche, l'infantile ce n'est pas l'enfant,

1. D. Marcelli, *L'Enfant, chef de la famille. L'autorité de l'infantile*, *op. cit.*, p. 275.

l'infantile ne s'incarne pas, il est une disposition, une pro-pension. Comment, dès lors, décrire l'autorité de l'infantile ?

Cherchant dans l'éducation un exemple susceptible de correspondre à la fameuse définition d'Hannah Arendt, nous en avons trouvé un dont l'apparente simplicité et évidence ne doivent pas masquer l'extrême complexité ! Quel est cet exemple ? C'est celui du square déjà décrit en partie (voir p. 122), mais dont il faut développer ici toute la subtile complexité.

Vers 12-16 mois, un enfant marche depuis quelques jours ou quelques semaines et son parent l'emmène au square pour lui permettre de découvrir les jeux d'enfants et le parc, c'est-à-dire d'augmenter son espace d'exploration. Heureux d'y retrouver un ami, le parent s'installe sur le banc et engage une discussion. L'enfant, sa main posée sur le genou parental, regarde le spectacle du monde pendant quelques minutes puis, intéressé par le bac à sable, le tourniquet ou d'autres enfants, il s'éloigne lentement. Arrivé à proximité de ce spectacle intéressant, il s'arrête, cherche du regard son parent. Ce dernier, qui a senti que l'enfant s'éloignait et l'observait « du coin de l'œil », lui rend ce regard et poursuit par ce partage de regards une séquence relationnelle fondamentale. Parce que le square est protégé, parce qu'il n'y a pas de danger, le parent, tout en regardant l'enfant, ouvre grand son regard, déplisse le front et d'un geste de la main allant de son corps vers l'extérieur, lui dit : « Oui ! Vas-y ! Tu peux y aller ! » Rassuré par ce qu'il perçoit, à juste titre, comme un encouragement, l'enfant poursuit son intention, s'approche de ce qui l'intéressait et, d'une certaine façon, entreprend sa découverte du monde. Par ce partage de regards, le jeune enfant s'est senti autorisé à s'éloigner, à aller au-devant du monde. Parce que le tourniquet va trop vite, ou que des enfants nettement plus grands chahutent dans le bac à sable ou que l'enfant se dirige vers les jeux des plus âgés, il arrive parfois que le parent, en réponse à l'appel du regard de l'enfant, fasse un geste contraire, sa main allant de l'extérieur vers son propre corps, en même temps que les sourcils se froncent et que la voix se fait plus grave : « Non ! Reviens ici tout de suite ! » Quand l'enfant est âgé de 12-16 mois, il obtempère aussitôt et revient près de son parent sans « discussion », mais ce dernier, en général, commente la chose : « Regarde, il y a un gros chien, les grands se lancent du sable, le tourniquet va trop vite, tu peux tomber… », commentaires qui disent le sens de cette inter-diction.

Apparemment, dans une lecture rapide et superficielle, on peut considérer que tous les éléments de la définition de l'autorité telle que la propose Hannah Arendt sont ici réunis : il n'y a ni contrainte par la force ni argumentation quelconque, au sein d'une relation hiérarchique entre l'adulte et l'enfant où tous les deux ont leur place fixée d'avance (par l'ordre des générations), place que l'enfant et l'adulte reconnaissent l'un et l'autre comme juste et légitime. Mais cette lecture apparaît très orientée par le point de vue de l'adulte : elle consiste à analyser cette interaction à partir du sommet, selon la place de l'adulte, et non pas à partir de la base, selon la position de l'enfant. Car dans cette séquence entre l'enfant et l'adulte, qui débute l'engagement relationnel ? Il s'agit de toute évidence de l'enfant, lequel interroge du regard le visage parental. Certes, cet enfant ne parle pas encore, il est précisément un *infans*, c'est-à-dire quelqu'un qui ne parle pas. Pour autant, l'enfant n'est pas sans communication et par cet appel du regard il formule une demande. Le parent est dans l'obligation de répondre à cette demande qui, d'une certaine façon, « fait autorité » sur lui. Par sa position d'adulte et de parent, il a une obligation de veiller aux actions de l'enfant, ce que dans un précédent ouvrage j'ai appelé la « bonne veillance ». S'il s'en désintéresse, s'il continue de bavarder avec son voisin sans veiller à son enfant « du coin de l'œil », il y a fort à craindre que ce dernier, ne recevant aucune réponse à son appel du regard, poursuive son exploration qui rapidement peut le mettre en péril (renversé par le tourniquet, bousculé par les grands) ou se transformer en errance : il s'éloigne, sort du parc, risque de se perdre, d'avoir un accident…

Pointage et partage d'intention :
les précurseurs de « l'inter-diction »

Mais pour que l'enfant cherche à ce moment décisif le regard parental, encore faut-il qu'auparavant il ait eu l'habitude d'en quêter ainsi le sens. Ce n'est pas un hasard si cette séquence au parc survient pratiquement en même temps que la séquence du pointage. Il est essentiel pour la bonne compréhension de la décrire ici brièvement. Au départ, le parent pointe volontiers du doigt. Après le temps d'une interaction proximale (après le bain, le repas ou le

171

jeu avec le hochet), alors qu'ils évoluent dans un espace élargi, la mère, attentive à son enfant, lui montre un spectacle intéressant et pointe son doigt dans cette direction : « Là ! Regarde ! Tu vois c'est… » Le regard de l'enfant semble « piloté » par le doigt maternel pour fixer la chose avant de revenir vers les yeux de sa mère et de l'interroger du regard. Celle-ci commente alors l'objet désigné tandis que le visage de la mère et celui de l'enfant expriment un plaisir partagé. Ce « pointage parental » précède le temps suivant. En effet, rapidement l'enfant, vers l'âge de 8-10 mois, devient actif, surtout s'il veut un objet hors de sa portée. Il regarde cet objet et tend le bras en sa direction. Mais son impuissance motrice entrave cruellement son désir et sa volonté. Heureusement, il a appris que, porté par sa mère, dans ses bras, les objets du monde pouvaient plus facilement être accessibles que quand il est seul dans son lit ou son parc et n'a pour se satisfaire que des objets proximaux : mains et doigts, pieds et orteils. Ce bébé dans les bras maternels tend donc sa main pour capter l'objet. Mais avant de le lui donner, sa mère l'interroge : « Tu veux ton doudou ? » Pourquoi lui demande-t-elle cela puisqu'elle le sait ? À quoi sert cette première inter-diction, ce dire qui s'interpose entre le geste et l'objet ? Bien évidemment à donner le mot avant l'objet mais aussi, mais surtout, grâce à cette prosodie aimable, à encourager le bébé à détourner ses yeux de l'objet vers le regard maternel, pour ensuite regarder de nouveau l'objet. Il y a donc un véritable ballet des regards où l'accroche les yeux dans les yeux fonctionne comme une ponctuation-accordage de l'échange : l'intention est comprise, énoncée, partagée. Dans cette séquence, si le bébé agit la part proto-impérative (ce qu'on observe aussi chez les primates supérieurs), la mère transfuse et transfère à son bébé la part déclarative (strictement spécifique de l'espèce humaine).

Quelques semaines ou mois plus tard, le bébé ne se prive pas de tendre la main vers un objet de convoitise en même temps qu'il cherche du regard sa mère (ou l'adulte de confiance). Le *pointing* dit « proto-déclaratif » est installé. Ce type de pointage où l'un des partenaires désigne du doigt un objet avec un regard qui va alternativement de l'objet aux yeux du vis-à-vis (et vice versa) tout en donnant le nom (au début la mère nomme cet objet puis bientôt l'enfant le nomme à son tour et est chaleureusement encouragé et félicité par sa mère), *ne sert strictement à rien en apparence*. Ce type d'interaction ne participe pas aux soins primaires ni aux besoins vitaux de l'enfant. Et pourtant, tous les adultes au contact d'enfants de cet âge « jouent » à ce pointage. Fondement de la théorie de l'esprit, le pointage sert précisément à partager un intérêt commun et à relier *grâce au fil immatériel des regards* le geste, le mot et l'objet dans un ensemble cohérent : la dyade mère-enfant s'ouvre aux curiosités du monde que l'un puis l'autre prennent plaisir à commenter. On ne rencontre ce type de pointage proto-déclaratif dans aucune autre espèce animale y compris les primates supérieurs, il semble spécifique des humains. Désormais, le jeune enfant sait qu'en partageant un regard on peut aussi partager un intérêt et une idée commune, tout cela dans un « bain de plaisir ». L'origine si énigmatique de l'autorité siège dans ce partage de regards, ce lien immatériel entre deux personnes ou deux instances où l'un en quête de réponse interroge l'autre supposé l'avoir. Mais cela ne suffit pas : le fondement de l'autorité repose ensuite sur l'« augmentation » que la réponse de celui qui la détient entraîne chez celui qui demandait.

Ce pointage représente donc le précurseur indispensable pour que l'enfant partant à l'aventure dans le square puisse, à l'instant décisif, se tourner vers le visage parental et interroger son regard. Il faut donc que l'enfant ait auparavant reçu de son parent cette prime de plaisir que représente l'« inter-dire », le don du mot, véritable « augmentation relationnelle » qui donne à la dyade ce fond de confiance réciproque. Au passage, on peut ajouter que ce pointage constitue le socle de la relation triangulaire ou de la ternarité (je, tu, il) dans la langue, c'est-à-dire l'ouverture au symbolique. Quand la mère (ou le père) dit : « Oh ! regarde, tu as vu le bel oiseau ! Oh, moi je l'ai vu, tu le vois toi aussi, ce bel oiseau », tous les éléments de la structure tierce se trouvent condensés dans cette phrase, le « je » de la mère (ou du père), le « tu » de l'enfant, le « il » de l'espace ou objet tiers (ici, l'oiseau) : le parent avec son enfant dans les bras prend plaisir à lui offrir le spectacle du monde et la liberté de le nommer. Allons jusqu'à dire que ce parent lui dit implicitement la chose suivante : « Tu vois, je ne suis pas la seule chose intéressante dans le monde, il y en a bien d'autres et cela me plaît que tu y prennes plaisir ! » Le pointage est le premier acte de détachement symbolique s'appuyant sur l'offre d'un « inter-dire » qui augmente le champ des possibles et la richesse de l'échange.

Revenons à notre enfant au parc. Ayant l'expérience antérieure du plaisir à partager un intérêt, au moment où il est confronté à une incertitude, au moment où il balance entre le plaisir de la découverte du monde grâce à l'acquisition récente de la marche et sa perplexité devant la complexité de ce monde, l'enfant se tourne spontanément vers celui ou celle qui jusque-là lui en a fourni les clefs. L'autorité de l'adulte prend racine dans le questionnement puis la quête d'autorisation chez l'enfant. D'une certaine manière, c'est bien lui qui initie l'échange, même si du côté du parent celui-ci est astreint à une nécessaire « bonne veillance ». Et à ce point, en matière d'autorité, que constate-t-on ? Une chose essentielle : parce que le parc est un espace réservé pour les jeunes enfants, parce que le parent souhaite que son enfant puisse progresser et découvrir des choses nouvelles, parce qu'il a confiance dans ce que ce dernier est capable de faire, parce que l'équipement du square dans lequel il s'est rendu est correct, sécurisé, pour toutes ces raisons, le parent commence par autoriser avant d'interdire !

Une autorité qui rend possible le lien de confiance

À partir de cet exemple, dont l'évidente banalité et l'apparente simplicité masquent la réelle complexité, il est possible de commencer à saisir l'essence de la notion d'autorité, cette part sublimée du pouvoir qui rend la chose possible. En premier lieu donc, *l'autorité autorise* avant d'exiger ou d'interdire : l'enfant est régulièrement autorisé et, de temps à autre quand cela paraît nécessaire, une limite est donnée. Il faut le redire : ce qui donne à l'interdit sa signification émerge de l'arrière-plan d'autorisations ! Dans le cas contraire, quand l'interdit l'emporte largement sur l'autorisation, quand le pouvoir devient purement possessif (reste ici, ne bouge pas !), il est perçu comme une contrainte, une entrave dont, à la première occasion, il s'agira de se libérer. Une autorité qui ne ferait qu'interdire serait une autorité hémiplégique, une autorité autoritaire, réductrice, appauvrissante, nécessairement ressentie de façon négative.

En second lieu, l'autorité, en autorisant plus souvent qu'en interdisant, accorde une augmentation : l'enfant découvre le monde et en ressort « grandi ». L'éducation consiste précisément à « élever » des enfants et non pas à les rabaisser...

En troisième lieu, l'autorité s'inscrit effectivement dans une relation, comme l'avait précisé Hannah Arendt, où l'un sollicite l'autre parce qu'il y a entre eux une relation de confiance préalable : la hiérarchie n'est rien d'autre qu'une relation de confiance institutionnalisée (celui qui occupe la position hiérarchique haute est censé l'avoir obtenue en raison de ses capacités à occuper cette « charge », comme dit la langue classique). Ce lien de confiance provient de l'expérience antérieure au cours de laquelle l'un des partenaires a reçu régulièrement de l'autre un facteur d'augmentation, sous forme d'une « interdiction », un dire, un fragment de mot ou de phrase qui s'est interposé entre le doigt tendu et l'objet pointé. Le langage est, en quelque sorte, « une inter-diction », un code symbolique qui s'interpose entre la main et l'objet, privant dans un premier temps cette main de l'objet convoité, mais permettant ensuite à l'enfant et au parent, d'abord de partager une communauté d'intérêt et de croyance, puis de communiquer par le langage. Cette « con-fiance », c'est-à-dire cette croyance (fiance) commune, forme le lit de l'autorité. Il n'y a pas d'autorité sans confiance ! Par la suite en s'aventurant dans le square, l'enfant sait qu'au moment décisif, en se retournant vers son parent et en l'interrogeant du regard, il obtiendra une clef de compréhension du monde, un code comportemental précieux et rassurant permettant de savoir quand il est possible de faire (ce qu'on a envie…) et quand il est souhaitable de ne pas le faire.

En quatrième lieu, il semble préférable d'analyser la relation d'autorité entre celui qui apparemment commande et celui qui apparemment obéit, non pas comme cela a toujours été le cas à partir de la position haute, celle du commandement, mais à partir de la position basse : la relation d'autorité trouve sa source dans la demande confiante du plus faible adressée au plus fort et se poursuit du côté du plus fort dans *la reconnaissance de cette faiblesse et dans son respect*. L'autorité est la capacité du plus fort à se priver de la possession ou de la force pour permettre d'augmenter les possibilités, le potentiel de celui qui semble le plus faible. Le pouvoir brut, celui qui est tourné vers la possession, siège purement dans la force et utilise la contrainte et la soumission du plus faible envers le plus fort. L'autorité s'accorde au pouvoir du possible, le pouvoir d'autoriser qui conduit le plus fort à limiter sa force au profit du plus faible. L'augmentation que l'autorité autorise siège dans cette reconnaissance du faible et de ses droits. Il est vrai que le pouvoir d'interdire (ou d'exiger) bascule aisément du côté de la force. Mais la force n'est d'aucun secours pour le pouvoir d'autoriser, le pouvoir de rendre possible : ce dernier ne peut reposer que sur la confiance, cette croyance partagée entre celui qui autorise et croit la chose possible, et celui qui est autorisé et se sent par là même reconnu dans sa capacité.

En cinquième lieu, conséquence de ce qui a été énoncé, l'autorité est d'abord et avant tout un acte de langage, il n'y a pas d'autorité sans parole. Certes, l'échange de regards est l'en deçà silencieux qui relie les deux partenaires de la relation : la quête du regard de l'autre est la religion (*re ligare*) de l'être humain ! Mais les mots prononcés, en communautarisant l'intention et en autorisant l'action, apportent ce surcroît de signification à une relation qui, sans eux, reste profondément énigmatique. « L'autorité est accordée à quelqu'un par ceux qui éprouvent de la confiance en sa parole[1]. » L'autorité, instance de régulation d'une communication, a pour instrument le langage.

Enfin, sixième point, il y a lieu de se demander de quoi l'adulte peut-il bien être augmenté. Dans cette affaire, que gagne cet adulte ? Il paraît difficile d'imaginer qu'un être humain puisse se satisfaire d'être dépouillé de son pouvoir sans contrepartie, sans rien y gagner ! Par cet appel d'un enfant envers un adulte, ce dernier est augmenté de la

---

1. C. Herfray, *Les Figures d'autorité*, Arcanes éd., Strasbourg, 2005, p. 50.

reconnaissance de sa fonction de parent : il n'est pas simplement un homme ou une femme, il est un père ou une mère et, par là même, une place lui est donnée dans le fil des générations qui relient les humains entre eux. Les êtres humains sont les seuls capables de se représenter la figure de leurs grands-parents et l'enfant constitue le fil qui autorise ce lien ! Les exigences de procréation ou d'adoption d'adultes qui ne peuvent pas avoir d'enfants constituent a contrario une démonstration exemplaire de la puissance de ce besoin chez un adulte. Cette place symbolique qu'ouvrent à part égale la position de parent et celle d'enfant s'augmente d'un gain émotionnel fondateur : en effet, la relation de confiance entre parent et enfant autorise un partage affectif nouveau, celui d'un lien où le faible et le fort sont à égalité, où l'un et l'autre s'apportent réciproquement un échange d'émotions fondamentalement nouveau. Je pense que le bébé humain, par son extrême faiblesse et vulnérabilité, a imposé aux adultes qui devaient s'en occuper de développer une attention à ses émotions tout à fait novatrice dans l'évolution des espèces. Cette découverte des émotions dont les « petits humains » sont les activateurs a constitué une richesse évolutive considérable pour les êtres humains, l'asymétrie entre celui qui parle et celui qui, sans parler, reçoit ces paroles constituant le creuset de l'autorité.

L'autorité : le gain du renoncement

L'autorité ne se découpe pas en tranches, l'une pour la politique, l'autre pour l'économie, une autre pour la famille et une autre encore pour l'école ; une autorité pour les jeunes enfants, une pour les adolescents, une autre pour les citoyens ; une autorité traditionnelle et une autorité démocratique, etc. Dans une société où les deux valeurs suprêmes sont l'égalité entre les individus (quelles que soient les différences de couleurs de peau, d'origines ethniques, de sexes ou d'âges) et la liberté garantie à chacun (de croire, de penser, de parler, de voyager et d'entreprendre), l'autorité publique et politique ne peut définitivement plus s'appuyer sur la tradition et la religion pour établir ce triptyque magique autorité-religion-tradition qui garantit l'ordre, la stabilité, la continuité grâce à une hiérarchie fixée par la vertu « augmentative » du passé. Il est vrai, et en cela Hannah Arendt a profondément raison, que l'autorité ce n'est ni le pouvoir ni l'argumentation. L'autorité doit se distinguer du pouvoir en tant qu'expression d'une possession : un juge a le pouvoir de juger, un politique ou un P-DG de décider, un policier de verbaliser, un général d'armée de commander. Mais ces diverses formes de pouvoir n'assurent pas *ipso facto* une autorité. Il y faut quelque chose de plus, une part énigmatique qui semble insaisissable. Car si le pouvoir s'incarne aisément à travers la figure du chef, l'autorité se dérobe constamment dans sa possibilité de figuration et, quand ce chef revendique l'autorité, il devient à l'instant de cette revendication autoritaire : dès qu'elle s'incarne, l'autorité se transforme volontiers en caricature d'elle-même… Véritable principe sublimé, l'autorité est insaisissable : on peut prendre le pouvoir, on ne peut pas prendre l'autorité. Elle est la part sublimée et transcendantale du pouvoir. Cette caricature d'autorité, l'autoritarisme, c'est ce qui arrive à celui qui possède le pouvoir (de décider, de juger, de sanctionner) mais qui l'exerce d'abord et avant tout pour son propre avantage, son exclusif profit. Ce pouvoir, c'est celui de la soumission, celle du maître sur l'esclave, du tyran sur ses sujets-objets, de l'adulte sur l'enfant, du fort sur le faible. Que la force soit explicitement physique ou s'exerce par l'intermédiaire du pouvoir d'enfermer, de punir ou de violenter, nulle autorité dans cette affaire. Seulement la crainte, la peur et leur résultat, la soumission.

Plus subtil, le pouvoir de l'argumentation ou de la séduction consiste à prendre celui qui écoute ou regarde dans les rets du discours ou de la mise en scène. C'est le pouvoir du gourou, du leader (le *Führer* en allemand) ou du rhéteur, celui qui, par sa parole, ses promesses et plus encore par sa prosodie et sa « jactance », cherche à réduire l'écart entre soi et l'autre, à asservir l'autre à la magie de son verbe, au pouvoir de sa séduction verbale toujours sous-tendue de lourdes menaces si on ne s'y soumet pas. On peut en rapprocher les conduites de séduction par les promesses ou les attitudes de parade, pas très différentes de ce qu'on peut observer dans le monde animal où fréquemment, par les couleurs, le plumage, la crinière, des postures particulières, l'un des partenaires tente de séduire l'autre et de l'attirer à soi : *se ducare*, conduire à soi. Tout

181

comme la soumission par la force est induite par des attitudes de menace, de même la soumission par la séduction répond à des postures, des attitudes, des promesses d'amour. La séduction sexuelle en constitue la caricature : stratégie de celui ou de celle qui, dépourvu(e) de force, utilise les arguments de la parade amoureuse pour assujettir l'autre. Dans les relations enfants-parents, cette relation de séduction prend volontiers la forme du chantage au plaisir, à l'affection ou à l'amour : « S'il te plaît, fais cela pour me faire plaisir », « si tu fais cela, je ne t'aime plus ». Naturellement, peut-on dire, un jeune enfant aime faire plaisir à son parent tout comme il redoute la menace de désamour. Mais si, quand il est jeune, ce chantage est efficace, dès qu'il en a compris le fonctionnement, il inversera le rapport et sera, à la première occasion venue, dans une exigence symétrique. Au cas où sa propre séduction ne marche pas, il aura le sentiment d'avoir été trompé, ce qui souvent provoque un recours à la force, par exemple une réaction de colère violente. La violence est inhérente au rapport de séduction dès que cette dernière n'agit plus. L'autorité n'a rien à voir avec la séduction !

Si, donc, l'autorité ne s'inscrit ni dans la tradition ni dans la religion, si elle ne provient ni du pouvoir de la force ni de celui de la séduction, alors où en débusquer le sublimé, ce principe si énigmatique susceptible de s'accorder aussi bien aux exigences des citoyens des démocraties modernes qu'aux besoins des enfants pour devenir des adultes, ces futurs citoyens ? Fil d'Ariane qui relie entre eux les êtres humains, le drame de l'autorité est d'avoir toujours été considérée à partir de celui qui, apparemment, semble avoir la position haute : le chef, le père, Dieu… Engluée dans la gangue du pouvoir, l'autorité a trop rapidement et trop facilement été réduite au costume du chef, au sceptre impérial ou royal. Mais l'autorité ne s'incarne pas, elle est un principe de régulation. Il y a des attributs du pouvoir, pas de l'autorité ! Pour avancer, pour ôter la cale qui semble bloquer notre pensée, il convient de faire un pas de côté, de décaler cette pensée et de modifier sensiblement l'angle de vue. Voyons ce que cela donne en envisageant l'autorité non pas du point de vue de celui qui semble l'exercer mais plutôt du point de vue de celui auquel elle s'adresse.

Tout d'abord, l'autorité est affaire de relation, une relation d'emblée marquée par une asymétrie originaire entre l'un « qui en est dépourvu » et l'autre « qui en est pourvu ». Le « en » varie à l'infini : la force, le savoir, l'argent, l'intelligence, la beauté, le pouvoir, l'expérience… L'autorité est le principe de régulation de cette relation asymétrique au cours de laquelle celui qui est dépourvu adresse une demande à celui qui est pourvu. Il n'y a pas d'autorité sans demande préalable. Le principe d'autorité procède alors d'une double reconnaissance réciproque entre celui qui est pourvu et celui qui est dépourvu, reconnaissance par celui qui demande ce qui lui manque et dont l'autre semble pourvu, reconnaissance par celui qui est pourvu de ce qui manque chez l'autre et de la légitimité de cette demande. L'autorité se manifeste par la nature de la réponse à la demande : cette réponse permet à celui qui était initialement dépourvu d'en sortir « grandi ». Il n'y a pas d'autorité sans augmentation, non pas augmentation du pouvoir mais augmentation du possible. La réponse fait « autorité » parce qu'elle rend possible, elle accorde une capacité nouvelle, que cette réponse soit en forme d'autorisation ou de refus. C'est la raison pour laquelle l'autorité ni ne se décrète ni ne se prend, car elle est une marque de confiance accordée par celui qui « en était dépourvu » à celui qui a répondu, acte de reconnaissance qui fonde le rapport humain. L'autorité est reconnue à celui qui exerce le pouvoir par celui qui, tout en le subissant, en retire, non pas dans l'immédiateté de l'instant mais dans la durée et sur le long cours, un bienfait et une « augmentation ». Si le pouvoir se prend, l'autorité s'accorde, si le pouvoir se décrète, l'autorité se mérite. L'autorité n'a rien à voir avec la hiérarchie, c'est, me semble-t-il, la grande erreur d'Hannah Arendt. Malgré la différence de tailles et d'âges, la relation parents-enfant n'est certainement pas une relation hiérarchique, c'est une relation où s'entremêlent deux types hétérogènes de rapports, ce qui en fait sa complexité. Le premier est un rapport de dominance dans lequel la force constitue le principe d'action : c'est le rapport dominant-dominé caractéristique du monde animal imposant la soumission. Évidente et visible, cette asymétrie de tailles et de forces occulte facilement le second type de rapport : rapport d'autorité spécifiquement humain où la force est laissée de côté pour mieux écouter la demande et faire en sorte que la réponse, inscrite dans le langage, autorise un gain nouveau, préserve ou enrichisse le potentiel de développement, invite l'autre à tendre l'oreille pour obéir... L'autorité, c'est ce que le pouvoir gagne quand il renonce à la force, acte de renoncement qui autorise le développement d'un rapport nouveau de confiance.

En cela, l'autorité dans l'éducation des enfants constitue un modèle privilégié pour comprendre l'autorité publique ou politique, surtout de nos jours dans les sociétés démocratiques : principe unique, reliant les êtres humains entre eux, l'autorité est au centre du processus d'humanisation et du développement de la culture. L'autorité est le trésor de l'humanité.

7

Faut-il un père pour obéir ?

Le père en majesté

Une des phrases les plus souvent entendues quand des mères parlent de leurs enfants, entre elles, avec le médecin ou le pédiatre, dans les consultations psychologiques, dans les débats des divers « cafés des parents[1] », concerne la difficulté à « les faire obéir », constat qui se complète aussitôt d'une remarque symétrique sur la carence de l'autorité du père ou de son invocation nostalgique. Faut-il un père pour que les enfants obéissent ? C'est en tout cas ce qui semblerait nécessaire à toutes ces mères qui se disent seules pour faire obéir leurs enfants, que cette solitude résulte d'un père qu'elles décrivent volontiers comme « absent » bien que membre à part entière de la famille (absence par motif de travail, par manque d'intérêt ou par refus d'assumer ce rôle d'autorité) ou d'une

---

1. Animés en particulier par les associations départementales des EPE dépendantes de la Fédération nationale de l'école des parents et des éducateurs (FNEPE).

réelle absence par séparation puis quasi-disparition. Mais la chose se complique car la difficulté à se faire obéir est aussi couramment rencontrée dans les familles où les deux parents sont effectivement présents, très investis dans l'éducation des enfants et où le papa comme la maman se trouvent débordés par l'escalade d'exigences d'un petit enfant en pleine phase d'opposition ou d'un adolescent passablement rebelle. Dans ces situations, la rhétorique classique conduit à déclarer que ce papa « fait la mère » et, par conséquent, ne se comporte pas en père véritable, d'où les difficultés pratiques rencontrées dans l'obéissance et la carence symbolique dans l'exercice de l'autorité. On aboutit ainsi à une confusion entre obéissance, autorité et fonction paternelle, confusion, hélas, trop complaisamment entretenue par les références théoriques que les divers professionnels utilisent largement, qu'il s'agisse des psychiatres, des psychanalystes, des psychologues, des sociologues, des anthropologues : la fonction paternelle apparaît souvent, sinon toujours, comme un équivalent symbolique de la fonction d'autorité. La figure du père s'y inscrit en lettres d'or.

L'histoire de cette figure du père, des temps les plus reculés jusqu'à l'époque contemporaine, pourrait très bien s'écrire comme l'histoire de la différenciation progressive entre violence, pouvoir et autorité. Mais cette histoire hésite toujours entre les conséquences redoutées et redoutables d'une atteinte à l'« autorité du père » et la dénonciation des excès antérieurs résultant du pouvoir du père, ce dont témoignent toute une série de travaux et d'ouvrages depuis ceux de Geneviève Delaisi de Parseval et Françoise Hurstel, d'Yvonne Knibiehler, d'Évelyne Sullerot, d'Élisabeth Roudinesco et, plus récemment, de Michel Tort[1]. Anthropologue, Françoise Héritier[2] avance l'hypothèse d'une valence différentielle des sexes dont l'origine est à rechercher du côté de la capacité des femmes à enfanter et de l'impuissance des hommes à donner naissance. De ce constat de « naturelle » faiblesse, les hommes en ont tiré depuis la nuit des temps l'impérieuse nécessité de s'affirmer dans une prééminence sociale. Dès lors, ils n'ont cessé de construire des fables et des mythes destinés à leur octroyer une reconnaissance « légitime » dans la procréation des enfants. Quand les yeux suffisaient pour dire de quel ventre féminin sortait cet enfant et, par conséquent, qui en était la mère, seule la parole pouvait dire qui en était le père : laisser cette parole à la seule mère revenait à donner un double pouvoir aux femmes et une double peine aux hommes ! Les constructions sociales de la fonction du père consistent, dans une large proportion de cas, à donner à l'homme le pouvoir de dire et de décider, pouvoir qui trouve ses racines et sa caution dans la force physique supérieure de l'homme sur la femme, pouvoir illustré par le droit d'exiger l'accès sexuel au corps de la femme,

---

1. G. Delaisi de Parseval, F. Hurstel, « La paternité à la française », *Les Temps modernes,* 1986, n° 482, p. 51-93. Y. Knibiehler, *Les pères ont aussi une histoire*, Hachette, 1987. É. Sullerot, *Quels pères ? Quels fils ?*, Fayard, 1992. É. Roudinesco, *La Famille en désordre*, Fayard, 2002. M. Tort, *Fin du dogme paternel*, Aubier, Paris, 2005.
2. F. Héritier, *Masculin/féminin, la pensée de la différence*, Odile Jacob, 1996.

droit encore reconnu par le fondateur du libéralisme moderne, John Locke, au XVIIe siècle[1] : la sujétion de l'épouse est naturelle car elle est fondée sur la force naturelle de l'homme. Par là même se trouvent indissolublement liées dans la « hiérarchie sociale » différences des sexes et fonctions procréatives : là où le sexe féminin n'apparaît qu'en creux, en « négatif », la force de l'homme s'étaye sur la vigueur érectile de l'organe sexuel mâle, force et pouvoir qui apparaissent comme une compensation à la blessure infligée par l'impossibilité masculine d'enfanter. Cette « violence de nature » liée au constat de supériorité physique de l'homme sur la femme l'autorise à disposer du sexe de l'épouse par la vertu du contrat social qu'est le mariage et se complète « naturellement » du pouvoir sur ce qui sort de ce ventre, d'abord pouvoir d'accepter ou de refuser ce « produit », ensuite pouvoir d'appropriation et donc de reconnaissance. Yvonne Knibielher rapporte de façon très pertinente dans *Les pères ont aussi une histoire*[2] un fait qui n'a pas été suffisamment pris en considération sur la fonction du *Pater familias* dans la Rome antique. On évoque habituellement le droit de vie et de mort que ce dernier avait en portant l'enfant afin de lui faire passer le seuil de la maison. Mais on oublie souvent qu'il détenait

---

1. « La société conjugale [...] consiste particulièrement dans le droit que l'un a sur le corps de l'autre, par rapport à la fin principale et la plus nécessaire, qui est procréer des enfants... », J. Locke, *Traité sur le gouvernement civil. Le Monde de la philosophie*, Flammarion, 2008, p. 248.
2. *Op. cit.*, cité par M. Tort, *op. cit.*, p. 34.

aussi l'autorisation d'accorder à la mère de continuer ou non d'allaiter l'enfant. Ce « pouvoir d'autorisation » pourrait ainsi être compris comme le point de départ du long chemin qu'aura ensuite à parcourir le travail social de différenciation opérée peu à peu entre « pouvoir » et « autorité ». Le *Pater familias* est à ce moment précis doté du « pouvoir de vie et de mort » sur l'enfant qui sort de ce ventre féminin et de l'« autorité » qui autorise à l'allaiter. Ainsi se conjuguent deux fonctions, l'une sociale, le pouvoir de se dire père de cet enfant, l'autre familiale, l'autorité paternelle sur les conditions de son élevage-éducation : la puissance paternelle condensera pendant longtemps dans le droit ces deux pouvoirs. Au passage, selon Michel Tort, on trouve dans ce pouvoir d'autorisation à l'allaitement le fondement de la théorie séparatrice du père largement reprise ultérieurement : la fonction du père est de séparer mère et bébé. Disons-le plus directement, le rôle du père est d'extraire son enfant, surtout son fils, des jupons de sa mère car il risquerait d'y perdre sa vigueur masculine. Version sociale de cette crainte, il pourrait s'y engloutir dans une relation d'allure incestueuse, et version psychologique et surtout psychanalytique pour laquelle l'archaïque maternel apparaît comme une sorte de monstre originel qui n'aurait pas encore été domestiqué par la figure du Père. La fonction symbolique du père serait de placer entre l'enfant et sa mère une barrière : l'interdit de l'inceste. Toutefois, il faut se garder d'une grossière erreur : il ne s'agit en aucun cas du *petit père*, celui de la quotidienneté, mais uniquement du *grand père*, celui qui énonce la loi symbolique de la séparation, version amplement diffusée

191

par la théorie lacanienne. Cela sous-entend que le père dit la loi, celle qui énonce l'interdit de l'inceste entre mère et fils. Car c'est bien de cette forme majeure d'inceste dont il s'agit, l'asymétrie entre l'inceste père-fille et l'inceste mère-fils ayant toujours fait du second l'exemple même de l'horreur, quand le précédent n'apparaissait que comme une déviance presque excusable. Je me souviens d'avoir entendu dans mes jeunes années de formation de psychiatre qu'un inceste mère-fils impliquait toujours de la psychose (chez la mère ou le fils ou chez les deux) alors que la « relation incestueuse » père-fille pouvait fort bien s'accommoder d'une relative normalité psychique chez l'une comme chez l'autre ! En quelque sorte, ayant le privilège de dire la loi, le père pouvait s'exonérer de l'appliquer à lui-même et s'autoriser quelques incartades.

Quoi qu'il en soit, dans sa version psychologisante traditionnelle l'autorité du père consiste à poser des barrières, à limiter et interdire. Appréhendé ainsi, le concept d'autorité est d'emblée confondu avec la fonction d'interdiction : l'autorité se fonde sur l'interdit et s'en justifie ! C'est à ce point exact que se noue l'aporie empêchant ensuite toute pensée dynamique sur le concept d'autorité. La nécessité de cette intervention « autoritaire » repose sur deux présupposés implicites : l'avidité concupiscente des mères et l'immaturité des enfants. Lorsque la mère a un enfant, un fils essentiellement, elle n'aurait d'autre désir que de le garder pour elle et près d'elle comme protection, l'empêchant de s'aventurer dans la société au minimum, au pire de s'en servir comme paravent dans l'exercice du pouvoir (le mettre sur le trône pour régner par fils interposé). Quand le père retire son fils des bras maternels, c'est pour en faire un homme mais c'est aussi parce que cet enfant est trop immature pour pouvoir résister à la séduction de sa mère et à la concupiscence de cette femme.

Toutefois, si, dans la constellation œdipienne, Lacan porte un regard descendant du père sur le fils et fait de la fonction paternelle une fonction séparatrice, tel n'est pas le regard de Freud qui n'a pour sa part jamais directement invoqué ce rôle. « L'enjeu de l'Œdipe qui intéresse Freud n'est pas la séparation du sujet [d'avec la mère] mais la confection du Surmoi et son rapport complexe au Moi[1]. » Le regard que porte Freud sur la fonction paternelle est un regard ascendant du fils vers la stature du père, une tentative de s'épargner le courroux de ce père en s'identifiant à lui, allons jusqu'à dire en le séduisant par une relation mimétique. C'est entre autres, dans *Totem et Tabou*, le rôle que Freud attribue à la figure du père, véritable transfiguration du père de la horde primitive. Ce dernier, mâle dominant et tyrannique, « chef » de la horde s'appropriant toutes les femelles, a été sauvagement assassiné puis dévoré par les fils en colère. Confus, coupables et terrorisés par leur propre violence, ceux-ci, pour ne pas recommencer, instaurent au-dessus d'eux l'image d'un Père emblématique et pacificateur[2]. Regard ascendant ou descendant, il

---

1. M. Tort, *op. cit.*, p. 99.
2. S. Freud, *Totem et Tabou,* 1913, Gallimard, traduction française, 1993. Chronos dévorait ses enfants par crainte d'en être la victime ; ici les fils dévorent un père tyrannique et quelque peu incestueux car, possédant toutes les femelles de la horde, ses propres

n'en reste pas moins que ce père, figure d'identification ou fonction de séparation, énonce la loi, celle qui interdit aux fils de s'entretuer ou d'abuser de leur mère, la femme du père. Sans père, nulle autre loi que celle du déchaînement de violence, de la jouissance possessive et des abus en tout genre... Cette construction mythique du pouvoir du père repose sur une série de présupposés présentés comme une réalité de nature : l'anarchie sociale complète en l'absence de père et la concupiscence séductrice de la mère sur ses enfants, son fils plus précisément. Est-ce bien la réalité ou est-ce une élaboration-élucubration défensive destinée à protéger la figure de l'homme dans son rôle social comme familial, le protéger de cette puissance énigmatique du ventre féminin ?

Le mythe de la séduction des mères

On le perçoit entre les lignes, l'implicite sur lequel repose la domination par la force de l'homme-père sur la femme concerne le pouvoir de séduction de la femme-mère sur le fils comme sur l'homme. Et si l'on renversait la proposition ? La fonction de séduction de la femme-mère envers son fils ne serait-elle pas le résultat de la violence des hommes : comment s'en protéger sinon grâce à la force du fils ? Dans les rapports entre les sexes, la force

___

filles en faisaient nécessairement partie ! L'image du père est une construction défensive strictement inversée par rapport à la supposée réalité : son rôle est de contenir la haine du fils envers le père.

et la séduction se cautionnent l'un l'autre, se justifient réciproquement et se renforcent mutuellement : plus l'un utilise la force, plus l'autre recourt à la séduction. Plus l'un séduit, plus l'autre doit s'en dégager par la force. Si le « père » fait acte de pouvoir symbolique ou réel par la force, c'est pour extraire son fils de la séduction maternelle et plus généralement de la sournoiserie des femmes, pour le protéger donc ! À quoi répond chez la mère le besoin de séduire son fils pour en faire un allié contre la violence du père et, plus généralement, pour le protéger de la violence sociale. Véritable équilibre de la terreur, ce rapport violence-séduction entre les sexes semble constituer l'arrière-plan de la fonction d'autorité, laquelle pourrait apparaître comme une tentative de désexualisation des relations humaines correspondant aux nécessités liées à l'éducation des enfants. Vu sous cet angle, on peut comprendre d'une part que l'exercice du pouvoir cherche constamment à emprunter les habits vertueux de l'autorité, d'autre part que la confusion entretenue au plan de la théorie entre autorité et fonction paternelle fonctionne comme un écran sur lequel se projettent l'histoire et les fantasmes, mais écran qui dissimule l'essence de l'autorité.

La déconstruction des piliers traditionnels de l'autorité

Revenons à l'autorité dans l'éducation. Dans sa version classique, elle reposait sur trois piliers, l'immaturité de l'enfant, le poids de la tradition (le passé) et la prévalence du lien social sur l'épanouissement de l'individu. Dans ces trois piliers, la hiérarchie sociale plaçait l'homme au-dessus : au-dessus de l'enfant, être faible et vulnérable ; au-dessus par la tradition qui fait de l'homme le chef (de famille, du clan, du royaume, etc.) ; au-dessus par la nécessité d'obéir à ce chef pour le bénéfice de l'ordre social. Ces trois piliers sont en mauvais état, on l'a vu dans les trois chapitres précédents !

La notion d'immaturité d'abord. Le regard sur l'enfant a radicalement changé : on ne voit plus en lui comme jadis ce qui lui manque pour être un adulte complet, achevé. L'immaturité signait l'inachèvement de l'enfant avec le danger des errements et des travers de toutes sortes. Dans l'enfant aujourd'hui on discerne les compétences à venir, le potentiel de développement qui ne demande qu'à se déployer. Il suffit pour cela de savoir stimuler correctement ce bébé, cet enfant, il faut se mettre à son service. Si elles ne sont pas stimulées correctement, ces compétences menacent de s'étioler. Terrible renversement de perspective pour les parents en général, le père en particulier, mis désormais en demeure d'apporter au bébé puis à l'enfant les stimulations adéquates pour que son potentiel s'épanouisse au mieux ! Second pilier, l'importance du lien social ne prévaut plus sur la notion d'épanouissement de chaque individu. En quelques décennies, le lien social est même devenu le principal motif de l'aliénation individuelle. Dans une société où chacun est animé par l'injonction de s'épanouir, la dépendance est devenue une pathologie et l'autonomie-indépendance une vertu, si ce n'est une obligation. Cette exigence pèse de tout son poids sur l'éducation : parents comme enfant travaillent activement à faire de ce dernier, dès son plus jeune âge, non plus un citoyen bien élevé mais un individu épanoui et autonome, cette compétence étant un critère de bonne éducation. D'ailleurs, la remarque d'un enseignant : *il n'est pas autonome* vient comme un constat d'échec cinglant. Enfin, troisième pilier, l'asymétrie hiérarchique entre les hommes et les femmes sur laquelle reposait l'autorité du père n'est plus acceptée dans une société fondée sur l'égalité des individus. Les constructions théoriques vacillent et les professionnels en sont réduits à des pirouettes savantes, contorsions destinées à maintenir le socle de la fonction d'autorité, consubstantiellement liée à la fonction paternelle et, surtout, à la fonction symbolique du père. Cette confusion justifie le *statu quo* et ne fait qu'aggraver l'écart grandissant entre la construction théorique de l'autorité et la réalité du fait social. Une de ces contorsions consiste, quand un père investit non seulement l'éducation de ses enfants au sens traditionnel mais aussi le fait de s'en occuper au quotidien, à dire qu'il adopte la fonction de la mère, ce que le théoricien assuré de sa théorie résume par ce propos définitif : « Il fait la mère. » Le symbole du père est heureusement préservé !

Une autorité « de nature » ou une autorité « de culture » ?

De nos jours, femme et homme sont égaux en droit, c'est un acquis. Pour autant, sont-ils identiques ? Comment penser une différence sans introduire ni asymétrie ni hiérarchie, étant entendu que la différence des sexes est une valeur universelle qui traverse toutes les cultures du monde[1] ? Car si l'être humain des sociétés démocratiques contemporaines a soif d'égalité, entre homme et femme, entre enfant et adulte, il est aussi animé par un immense besoin de se distinguer, de se différencier de l'autre, de son vis-à-vis et pour l'enfant de son parent. Il y a dans toute relation duelle une menace de confusion, d'engloutissement qui risque de dévier en un véritable duel, un combat pour l'affirmation de sa différence par rapport à cet autre qui peut devenir le miroir persécuteur de soi-même. La hiérarchie homme-femme et la fonction d'autorité assuraient cette différenciation par le recours à la symbolique du père et à son incarnation par la figure masculine. Si cette autorité de la figure du père disparaît, nombreux sont ceux qui prédisent alors l'irruption d'une figure redoutée de l'autorité, celle de la mère archaïque, cette mère « toute-puissante » qui a pour guide sa seule jouissance ! Implicitement se trouve posée la question de la représentation de l'autorité : doit-elle nécessairement s'incarner ? Marcel Gauchet répond sans ambiguïté : « L'autorité suppose l'incarnation dans une personne, et, plus précisément encore, dans la singularité d'une personne. Il lui est consubstantiel d'être attachée à une individualité, étant bien précisé qu'elle se loge dans ce qui n'appartient qu'à

1. Il n'est pas sans intérêt de constater que précisément la société occidentale cherche à gommer cette différence des sexes, par exemple au travers des revendications d'un mouvement comme celui des Queers.

elle. C'est en ce sens qu'elle se possède, à la différence du pouvoir. Elle est en quelque manière native ; elle se communique peu ou mal[1]. » Propos redoutables de l'un des auteurs contemporains dont les travaux sur l'autorité, la société et l'éducation font autorité ! Car si l'on part du principe que l'autorité s'incarne, comment alors se dégager de l'impasse d'une attribution sexuée ? On pourra toujours dire que certes le sexe importe peu, que ce n'est pas à travers cet homme-là que passe l'autorité et qu'en réalité c'est une fonction symbolique, ou encore que cette femme-là peut « tout à fait » faire figure d'autorité (n'incarne-t-elle pas quelque chose de la figure du père ?). Mais cela revient à poser l'autorité comme un don de nature, ce dans quoi Marcel Gauchet n'hésite pas à s'aventurer, même s'il tente d'atténuer son propos par cet « en quelque manière ». Don de nature, l'autorité, nécessairement rattachée à une individualité, « se loge dans ce qui n'appartient qu'à elle ». Propos ambigus qui laissent entendre que l'autorité est la propriété singulière et idiosyncrasique d'une individualité, raison pour laquelle elle ne peut se transmettre. D'où alors cette autorité peut-elle procéder ? De la magie, du patrimoine génétique, d'un chromosome ou d'un gène, d'un don divin ? Marcel Gauchet s'interroge : « L'autorité ne se transfère que difficilement ; elle comporte une part informelle incompressible, qui tend à prendre le dessus sur le cadre institutionnel où elle s'inscrit. » Par ce caractère non transmissible, l'autorité semble défier la logique institu-

---

1. M. Gauchet, « Fin ou métamorphose de l'autorité », in *Conditions éducatives*, *op. cit.*, p. 156.

tionnelle. Si l'on suit Hannah Arendt, contrairement au pouvoir qui peut se prendre ou se conquérir, l'autorité s'inscrirait dans une possession *ex ante* comme le dirait Hannah Arendt, une possession issue de l'antériorité, du passé, de ce surplus énigmatique des *majores*, ces Romains descendants des fondateurs de la Rome antique. On retombe donc sur l'autorité du passé et celle de la figure du père. Quand on théorise l'autorité « par le haut », à partir de celui qui semble en position de l'exercer, il semble qu'on bute inéluctablement sur une impasse, comme on l'a vu dans le chapitre précédent, d'où l'intérêt de faire pivoter le regard et de considérer l'autorité à partir de celui qui la sollicite. Dans ces conditions, peut-on penser une autorité qui ne s'incarnerait pas, une autorité « désincarnée » ?

Dans de nombreuses sociétés, la différence entre hommes et femmes n'est pas tant fondée sur l'inégalité hiérarchique que sur l'existence de territoires différenciés, certains étant interdits d'accès au sexe opposé. À partir du moment où il y a des territoires d'hommes et de femmes, la répartition des fonctions et des rôles peut s'appuyer sur ces territoires, rendant les choses relativement simples : ces territoires spécifiques fonctionnent comme des espaces tiers. Dans les sociétés occidentales et au nom de l'égalité, les territoires spécifiques des hommes et des femmes avec leurs occupations particulières ont été peu à peu supprimés. Hommes et femmes partagent un territoire commun et la répartition de l'occupation de ce territoire devient extrêmement aléatoire. Elle dépend des émotions, des affects et du bon vouloir de chacun. On voit bien là l'extraordinaire fragilité de la chose. La société bute actuellement sur cette fragilité[1]. L'éducation des enfants est un de ces territoires où la répartition sexuée des fonctions a été radicalement modifiée. L'égalité homme-femme a conduit à la suppression de la puissance paternelle pour introduire *l'autorité parentale conjointe.* Comment peut fonctionner cette autorité *désincarnée* dans l'équilibre entre homme et femme ? En l'absence de conflit père-mère, la question reste en suspens. Mais quand les conflits surgissent, ressortent les difficultés majeures d'organisation de la vie, jusqu'au point, à défaut de découper les territoires, et a fortiori l'enfant, de découper le temps en instaurant une stricte égalité temporelle (garde alternée), chaque parent devant disposer du même temps de garde de l'enfant... Que constate-t-on dans ces conflits parentaux interminables ? L'impossibilité totale que s'interpose un tiers entre le parent et l'enfant et toujours une étonnante symétrie où l'un, aussi bien la mère que le père, se sert volontiers de la force (ou de ses équivalents : enlèvement, certificat de complaisance, etc.) et l'autre, aussi bien le père que la mère, lui répond en s'installant dans une escalade de séduction auprès de l'enfant (en lui accordant systématiquement ce qu'il demande, en renonçant à toute position éducative et à toute exigence). Face à cette revendication d'égalité entre père et mère, chacun voulant tirer l'enfant à soi, la justice est contrainte de prendre une décision *autoritaire* qui apparaît souvent comme un déni de jus-

---

1. On voit revenir cette exigence de différence territoriale, par exemple pour les piscines où il faudrait des heures d'accès différentes pour les hommes et pour les femmes. Cela choque, mais les questions soulevées n'en sont pas moins pertinentes.

tice où le principe d'autorité est bafoué. En réalité, il n'y a pas de véritable autorité sans en référer à un espace intermédiaire : l'autorité, c'est cet espace tiers qui s'interpose entre soi et l'autre. L'autorité ne s'exerce jamais pour soi mais dans un entre-deux, ce que, dans un jeu de mots approximatif, j'ai appelé « l'antre d'eux », cet obscur espace aux contours incertains qui délimite la frontière entre soi et l'autre, espace dont la caractéristique essentielle est d'échapper à la propriété exclusive de l'un comme de l'autre. Ce qui caractérise l'autorité, c'est d'en appeler à cet entre-deux, à cet intermédiaire. Le noyau de l'autorité s'illustre, selon moi, par la capacité qu'ont les êtres humains à se regarder les yeux dans les yeux et à tenter de comprendre leurs intentions lors d'un regard partagé[1]. C'est cette communauté d'intentions (la loi) qui fait autorité pour interposer entre deux êtres humains un espace, celui d'autorité et d'autorisation. En ce sens, une autorité qui ne fait que limiter et interdire est une autorité hémiplégique. L'autorité commence d'abord par autoriser, comme on espère l'avoir démontré dans les deux chapitres précédents. Cette autorisation est le contraire d'un collage symbiotique, c'est une prise de distance où s'interpose le langage, la parole. Elle autorise l'éloignement, la différenciation : dans cet écart émerge la fonction symbolique de la parole articulée à la dimension triangulaire ou triadique. Le pointage condense et illustre cette émergence[2].

---

1. Voir mon ouvrage : *Les yeux dans les yeux. L'énigme du regard*, *op. cit.*
2. Voir p. 171.

Autorité et obéissance : le respect d'un écart

Tout comme l'autorité, l'obéissance est une affaire de parole, elle implique le langage d'un côté, de l'autre une oreille qui écoute : « Tu m'écoutes ! » Pendant ce temps de parole, l'écart est maintenu, l'agir est suspendu : celui qui demande l'obéissance accepte de se priver des arguments de la soumission, il s'impose une attitude d'abstinence. À l'opposé, la soumission s'accompagne toujours d'un rapproché corporel. Les arguments de la soumission sont à rechercher du côté du pouvoir, non seulement celui de la force, sa figure directe et immédiate, mais aussi celui de la séduction, figure plus subtile et trompeuse mais tout aussi essentielle. Par le pouvoir de la force ou celui de la séduction, peu importe, la personne qui se soumet devient l'objet de l'autre, se rend à lui comme le laisse clairement entendre l'étymologie du terme séduction : *se ducere*, conduire à soi. Là où la relation d'obéissance maintient la distance entre la personne qui ordonne et le sujet qui obéit, la soumission, posture d'assujettissement, annihile cette distance, réduit l'autonomie du sujet au profit de celui qui occupe la position haute, en fait son jouet. La scène paradigmatique du couteau nous a permis d'éclairer ces différences fondatrices[1]. Ainsi appréhendée, l'obéissance a-t-elle à voir avec la fonction du père ? Quand on confond autorité et pouvoir, la réponse paraît clairement sexuée. Longtemps il a semblé plus

---

1. Voir p. 125.

politiquement et éducativement correct de contraindre un enfant par la force que d'user de la séduction, méthode jugée fourbe et trompeuse : la contrainte, à condition d'être tempérée[1], pouvait passer pour vertueuse d'autant plus facilement qu'elle était le fait du père ! Ce dernier apprenait ainsi à l'enfant que l'usage de la force est franc, honnête, celui de la séduction dévoyé, malhonnête ! Incontestablement, recourir à la force appartient plus volontiers à l'homme, user de la séduction paraît plus spécifique de la femme : il est facile de comprendre la hiérarchie attribuée à ces conduites dans les valeurs sociales. À défaut d'instinct, il y a du pulsionnel dans l'exercice du pouvoir, par la force ou la séduction. En obtenant l'assujettissement de l'autre, cet exercice procure une incontestable jouissance. C'est d'ailleurs la stratégie première que chaque sexe utilise pour affronter cette rencontre si périlleuse et énigmatique avec la différence des sexes. Cette jouissance du pouvoir honteuse et coupable doit être soigneusement dissimulée, raison pour laquelle ce pouvoir cherche toujours à se cacher derrière le masque vertueux de l'autorité ! Dans la société, combien de fois n'en appelle-t-on pas à l'autorité quand il s'agit bêtement et brutalement d'une manifestation de pouvoir : mais le dire aussi directement dévoile la conno-

---

1. D'où les innombrables discussions sur la claque ou la fessée qui, à condition d'être modérées, suffisamment retenues, pas trop fortes, pourraient être acceptables, bénéfiques, pas néfastes, etc. De nos jours encore, cette rhétorique est récurrente et constitue le fonds de commerce d'un nombre consistant de discussions.

tation pulsionnelle et passionnelle. « J'ai l'autorité pour vous demander de faire cela… » sonne plus harmonieusement à l'oreille que : « J'ai le pouvoir de vous faire faire… », expression qui laisse sourdre un incontestable parfum de jouissance.

Revenons à la question centrale : faut-il un père pour obéir ? Si un père semble sinon nécessaire du moins approprié pour obtenir la soumission par la force, concernant l'obéissance la réponse va de soi : nul besoin de père pour obtenir d'un enfant qu'il obéisse. Il y faut, en revanche, un espace tiers entre celui qui demande l'obéissance et celui à qui cette demande s'adresse. En d'autres termes, il ne faut jamais demander à un enfant, comme à tout être humain en général, d'obéir pour le seul et exclusif profit de celui qui formule cette demande. Quand le couple des parents fonctionne de manière harmonieuse, c'est-à-dire quand les parents s'entendent et se respectent mutuellement dans leur rôle et leur différence, c'est souvent en se référant à l'absent que le parent en interaction avec l'enfant lui demande d'obéir : « Si tu continues, ta mère ne va pas être contente… », « Je vais le dire à ton père… » La classique « autorité du père » était d'ailleurs l'autorité de l'absent, dans la mesure où pendant tout le XIXe siècle et la première moitié du XXe les pères étaient bien plus souvent absents que présents dans l'éducation des enfants, les mères agissant par délégation, ce qui ne manquait pas d'efficacité, sauf que ces mères n'avaient dans la société pas d'autres fonctions que celle-là. Mais à l'instant où le couple devient dysfonctionnel[1], soit par rivalité symétrique (il n'y a aucune raison que ce soit le père qui fasse l'autorité), soit par renoncement (et pourquoi est-ce moi qui devrais assumer le poids difficile et frustrant de l'autorité ?), soit par plaisir immédiat (la vie est assez dure comme ça, je n'ai pas envie de sévir et on est si bien ensemble), et plus encore quand l'un des deux parents disparaît de l'horizon de l'enfant, l'ouverture à ce tiers apparaît difficile, voire impossible. Cependant, il ne faut pas confondre l'absence de père et l'isolement de la mère. Dans de nombreuses sociétés dites traditionnelles, le père géniteur n'est pas particulièrement présent auprès de la mère, mais celle-ci peut s'appuyer sur un vaste réseau au sein d'une famille étendue[2]. Tout adulte en position de parent doit penser cet espace tiers quand il se retrouve seul avec son enfant ou quand il est entraîné dans un conflit majeur avec l'autre parent. Instaurer cet espace tiers relève de la santé psychique et préserve l'avenir. Comment faire ? D'abord en cessant d'incriminer cette solitude, ensuite en sollicitant activement le réseau social, enfin en autorisant un tiers, quel que soit son sexe (cela devient une affaire secondaire), à occuper une fonction d'intercesseur entre le parent et l'enfant. Jadis c'était le rôle dévolu au parrain ou à la marraine si un parent se retrouvait seul, essentiellement en raison d'un décès. Cette fonction doit être laïcisée et

---

1. Que les parents vivent ensemble ou séparément ne change rien à l'affaire.

2. J. Barou, « Mères de famille monoparentale : l'autorité précaire », *Revue de l'école des parents*, 2008, n° 540, p. 54-56.

restaurée quand un parent se retrouve seul pour élever et éduquer un enfant. Elle n'a rien à voir avec la représentation précise d'un sexe, masculin comme féminin, mais symbolise l'écart nécessaire et fondateur entre un adulte et un enfant dans l'éducation de ce dernier.

8

L'enfance : savoir obéir,
pouvoir désobéir

L'autorité doit être soigneusement distinguée du pouvoir tout comme l'obéissance de la soumission, c'est ce que nous avons essayé de démontrer dans toute la première partie de cet ouvrage, en espérant avoir apporté des éléments de réflexion convaincants. En particulier ceux-ci : si le pouvoir se prend, l'autorité s'accorde, par conséquent la possession de l'autorité ne peut se décréter par celui qui est censé l'exercer, ce type d'exigence conduit tout droit à l'autoritarisme ; l'autorité est affaire de reconnaissance réciproque entre celui qui sollicite et celui qui est sollicité : c'est le régulateur proprement humain de ce partage ; l'autorité en appelle à l'obéissance tandis que le pouvoir impose la soumission ; l'obéissance sollicite une part active du sujet, implique nécessairement le langage et ne peut survenir que dans une relation de confiance préalable ; la soumission est affaire de postures, répond à des gestes de menace et ne nécessite pas le langage. Comment, dans l'éducation d'un enfant, *de sa naissance jusqu'à l'adolescence*, parents et enfant peuvent-ils mettre en place une relation régulière d'autorité-obéissance plutôt qu'une relation de pouvoir-soumission ?

La relation d'autorité est une construction sociale : elle n'a rien de naturel ! Pour obtenir d'un enfant ce que l'adulte veut ou souhaite, la relation « naturelle », celle qui appartient à l'ordre de la nature et qui surgit le plus spontanément, passe par la soumission en utilisant soit la force, soit la séduction. Pour advenir, la relation d'autorité exige donc de celui qui est en mesure d'imposer la soumission qu'il se prive de ce moyen si facile et si immédiat. Pour obtenir une reconnaissance d'autorité, il convient de renoncer à l'usage de la force et à celui de la séduction : pas plus qu'elle ne se prend, l'autorité ne s'achète ! C'est pourquoi la relation d'autorité demande toujours du temps, un minimum d'intelligence sociale et affective de la situation afin de comprendre la demande (ou le désir) de l'autre, enfin de la patience pour que celui sur lequel elle s'exerce puisse en reconnaître les bienfaits et le bénéfice. Ces ingrédients sont, hélas, indispensables et représentent le prix de la culture, c'est-à-dire celui d'une relation où les mots vont se substituer progressivement aux actes.

Par conséquent, l'autorité ne survient pas de façon magique un jour de l'année ou à un âge particulier de l'enfant. On pourrait dire que, dès la naissance de l'enfant, la question de l'autorité va apparaître mais selon des modalités différentes avec l'âge et le développement. En effet, une des grandes difficultés de l'éducation d'un enfant est de devoir régulièrement modifier la stratégie relationnelle en fonction du niveau de développement. Lorsqu'on navigue sur un bateau à voile et qu'on choisit d'aller vers un port qui se trouve dans la direction du vent, le navigateur doit remonter au vent et changer de cap régulièrement pour y parvenir : il doit louvoyer. Pour l'éducation, il en va de même : bien sûr la destination finale reste identique pendant tout le parcours, il s'agit de reconnaître cet enfant comme un être humain à part entière et de faire en sorte qu'il devienne un adulte épanoui, adapté à la société dans laquelle il vivra ; mais comme le navigateur doit changer de cap pour remonter au vent, de même l'art de l'éducation impose aussi de changer de cap régulièrement et de louvoyer en fonction des étapes de la maturation, des exigences pulsionnelles et des conflits propres à tel ou tel niveau de développement. Ce qui est pertinent avec un enfant de 6 mois peut ne plus l'être avec un enfant de 2 ans. Ce qui était bénéfique à un enfant de 4 ans peut l'être moins pour celui de 8 ans, etc. Élever un enfant nécessite donc de réévaluer assez souvent la méthode utilisée et de faire preuve d'une souplesse éducative suffisante : les attitudes dogmatiques conduisent souvent à des catastrophes. Ceci explique aussi pourquoi les « conseils », si prisés par les parents, sont toujours difficiles à donner en quelques mots, en une phrase courte, car ce conseil a toutes les chances d'être bénéfique avec tel enfant de tel âge et totalement inapproprié avec tel autre à un niveau de besoin ou de développement différent. De nos jours, il faut aller vite et en trois mots lors d'une interview dire comment il faut faire « pour avoir de l'autorité » ! Contexte dérisoire qui par lui-même dénature et disqualifie tout ce qui peut être dit. Aussi, dans ce chapitre, nous avancerons progressivement en suivant la croissance de l'enfant, chaque étape préparant la suivante.

Un bébé ça n'obéit pas : le temps des émotions

On ne dit pas d'un bébé qu'il obéit ou désobéit. On dit plus simplement qu'il ne mange pas, ne fait pas toutes ses nuits, qu'il est constipé, etc. À la limite, il arrive que l'adulte dise : « il *refuse* de manger » ou encore : « il ne *veut* pas manger », de même pour le sommeil. Si ce *refus* ou ce *non-vouloir* témoigne chez l'adulte qui s'exprime ainsi d'une prise en considération de la personne du bébé et du sentiment diffus d'un tout début d'expression propre, néanmoins il ne saurait être question d'une volonté délibérée chez ce bébé de s'opposer à une exigence de l'adulte, d'un refus conscient d'obéir à une demande. Pour l'immense majorité des adultes au contact d'un bébé, le souci premier est de s'adapter aux besoins du bébé et si possible d'avoir une réponse satisfaisante. Mais comme un bébé ne parle pas, les adultes, les parents cherchent dans la panoplie des actions possibles celle qui pourrait correspondre à la demande du bébé. Car dès sa naissance, ce bébé est « humanisé », c'est-à-dire que ses manifestations diverses ne sont pas comprises uniquement comme des actes réflexes du style : « Tu cries, tu es en hypoglycémie, il faut te nourrir… » Quand le bébé à l'heure habituelle du repas se met à manifester plus ou moins bruyamment, sa maman lui dit : « Tu as faim ! Tu veux ton biberon ? » En d'autres termes, elle donne aux manifestations physiques du bébé le sens d'une demande relationnelle, elle attribue une intention à tous les comportements de son bébé : « Oh, oui, tu me fais un beau sourire, tu es mignon ! » (le sourire à la vue d'un visage humain est un réflexe qui apparaît dès les premières semaines de la vie et le bébé n'a pas plus l'intention de sourire à sa mère qu'il n'aurait envie de sauter de son berceau pour faire une promenade !), « Qu'est-ce que tu as, tu fronces les sourcils, tu n'es pas content, tu as un souci ? » En réponse à chaque expression et manifestation d'un bébé, l'adulte à son contact, la mère le plus souvent mais tout adulte d'une façon générale, attribue une intention et fait de ce comportement une marque de communication. De plus, l'adulte commente largement ses propres hypothèses tout en utilisant une mimique et une prosodie proche de celle du bébé, ce qu'on appelle une imitation croisée. Le bébé est ainsi plongé, dès sa naissance, dans un bain de paroles et de communications, où on ne cesse de lui attribuer des intentions, attributions auxquelles les adultes répondent ensuite, *comme si le bébé avait réellement éprouvé ou demandé cela* !

Dans ce style d'interactions, on peut légitimement se demander qui adapte son comportement à l'autre ou tout simplement qui obéit à qui ? On remarque assez vite que l'adulte déploie une attention extrême aux expressions du bébé et, d'une certaine façon, se met à son service. Donald W. Winnicott, célèbre pédiatre et psychanalyste anglais, avait d'ailleurs appelé cela la « période de préoccupation maternelle primaire ». Il signifiait par ces termes que la mère, lors des premières semaines, était pleinement occupée par le souci-désir de s'adapter le plus complètement et parfaitement possible aux besoins et demandes de son bébé. Winnicott allait même jusqu'à dire que la mère, dans cette phase, ne s'appartenait pas, qu'elle était totalement aliénée à son bébé. Il reconnaissait d'ailleurs que cet état d'aliénation aurait été hautement pathologique s'il ne s'agissait pas des relations entre une maman et son nouveau-né. Je ne pense pas qu'il soit exagéré de dire que dans cette situation, *le bébé a autorité sur sa mère*. Cette dernière accorde à son nouveau-né un droit sur elle, un pouvoir qui ne réside en aucun cas dans la force du bébé mais, au contraire, dans sa faiblesse extrême, dans sa vulnérabilité majeure. L'adulte, la mère, ne répond pas seulement aux besoins physiologiques de son nouveau-né, ce que font tous les animaux adultes, mère ou père selon les espèces, avec leurs petits. La maman humaine répond aux demandes relationnelles qu'elle imagine elle-même chez son bébé : d'emblée elle « augmente » la manifestation physiologique d'une demande adressée à elle spécifiquement !

J'ai sous les yeux, en écrivant ces lignes, une photographie de trois nouveau-nés enveloppés dans un lange très serré n'autorisant aucun mouvement du corps, véritables bébés momifiés nés les 12 et 13 août 2008 à la maternité de Mtskheta, près de Tbilissi, pendant la guerre en Géorgie[1]. En dehors de quelques mouvements de rotation de la tête et de quelques expressions mimiques, ces bébés sont « condamnés » à l'immobilité. On emmaillotait ainsi les bébés au début du XXᵉ siècle dans les pays occidentaux, coutume qui a cessé avec le regard nouveau qu'on a commencé à poser sur eux. Cette photo nous rappelle la fantastique évolution dans les pratiques de la puériculture en quelques décennies, modifications qui ont précisément succédé à ce regard nouveau : le bébé n'a plus été conçu

1. *Le Monde 2*, n° 236, 23 août 2008, p. 29.

sur un mode passif, comme un tube à nourrir, mais sur un mode actif, comme une personne capable d'éprouver des émotions, de ressentir la douleur et la détresse, capable de compétences peu imaginables auparavant, ayant besoin de stimulations appropriées pour bien se développer, etc. Ce regard nouveau a changé radicalement le rôle des parents, leur attribuant une responsabilité encore plus grande, un souci encore plus important de répondre correctement à ses besoins, une tâche éducative plus complexe, puisqu'il ne s'agit plus seulement de préserver le bébé de ce qui peut lui être néfaste (manque d'hygiène, excès de stimulation), mais désormais de lui apporter les bonnes stimulations dont il a besoin pour s'épanouir le mieux possible. Ce souci des parents de se mettre au service du potentiel de développement de leur enfant, souci qui apparaît dès la naissance et se poursuivra pendant une grande partie de l'enfance et de l'adolescence, je l'ai appelé « l'autorité de l'infantile », précisant par cette expression que les contraintes inhérentes au développement de ce « potentiel » font autorité sur le comportement des parents. Cela est caricatural pendant les 8 à 10 premiers mois de la vie du bébé.

Ce bébé en tire de grands avantages. Son développement est en général harmonieux, il est bien éveillé, très réactif aux sollicitations de l'entourage ; il devient vite un « partenaire » relationnel compétent, il s'engage facilement et avec plaisir dans les interactions sociales ; il est rare qu'il manifeste des signes d'inquiétude même quand des étrangers s'approchent de lui, à condition qu'ils le fassent avec discernement, c'est-à-dire progressivement en parlant au bébé et en attendant que celui-ci se montre disponible, intéressé par cette nouvelle relation et quand il sourit. Ainsi, quand dans les premiers mois les adultes se mettent « au service » du bébé, celui-ci développe une grande confiance de base dans le monde environnant et un sentiment de sécurité interne de qualité : le narcissisme du petit bébé est en quelque sorte comblé. Période édénique s'il en est, grâce à l'attention dont il bénéficie, le bébé peut éprouver un sentiment de toute-puissance d'autant plus paradoxal que, précisément, il est dans un état de profonde dépendance et vulnérabilité. Il est bon que cette situation dure tant que le bébé n'a pas encore accédé à la moindre capacité d'autonomie motrice, tant qu'il ne peut rien obtenir par lui-même. Mais il sera nécessaire de sortir de cette phase de comblement quasi magique quand le bébé âgé de 8 à 10 mois commencera précisément à faire preuve d'un minimum d'autonomie motrice.

De 8-10 mois à 16-18 mois : les débuts de l'autonomie motrice

C'est l'âge où l'enfant, vers 7-8 mois, commence à se déplacer sur les fesses ou en rampant, le début du quatre pattes, des premiers pas avec ou sans appui. Période de découverte du monde, l'enfant peut enfin chercher à saisir un objet convoité, faire quelques mètres puis tendre la main pour le prendre : il n'est plus complètement dépendant de cet adulte qui choisissait l'objet à lui montrer ou à lui mettre en main lors de ces moments d'attention conjointe autour d'un hochet, d'une peluche, moments qui se produisent typiquement entre 3-4 mois et 5-6 mois. Puis les premiers pas apparaissent ; le périmètre d'exploration explose littéralement. On a certainement beaucoup de difficulté à imaginer l'intense jubilation d'un petit enfant qui voit soudain, grâce à l'acquisition de la marche, décupler ses possibilités de découverte ! Il s'adonne alors à une frénésie joyeuse d'exploration du monde familier qui l'entoure, de tout ce qui auparavant ne lui était pas accessible. Plus le bébé a bénéficié de cette attention bienveillante dont il a été question au paragraphe précédent, plus il éprouve un sentiment de toute-puissance apporté par cet état de comblement précoce, plus son désir de « conquérir » ce monde est imposant ! Les parents de leur côté sont émerveillés par les compétences chaque jour nouvelles de ce bébé et sourient volontiers à toutes ses tentatives qu'ils encouragent. Certes, il peut exister quelques dangers : prises électriques, escaliers, coins de table aigus, vitres fragiles, etc. S'il y a encore quelques parents inconscients des dangers, la très grande majorité d'entre eux, soucieux de permettre à l'enfant d'exprimer ce potentiel moteur et de découvrir le monde, peu désireux également d'interdire ceci ou cela, réagissent en sécurisant au maximum l'espace d'évolution du bambin : cache-prises, barrière pour l'escalier, meubles adaptés, etc. C'est un progrès incontestable qui a permis une diminution sensible des accidents domestiques. Il faut donc s'en réjouir. Mais toute chose ayant sa contrepartie, de nombreux parents non seulement sécurisent l'espace mais sont aussi désireux d'avoir le moins d'occasions possible de limiter ces explorations : ils ont donc tendance à mettre hors de sa portée ce à quoi ils tiennent, ce qui est fragile ou précieux, laissant l'enfant s'approprier la totalité de l'espace.

Pourtant, autour du premier anniversaire, entre 10-11 mois et 13-14 mois, une étape cruciale survient. En effet, quand le jeune enfant s'avance vers un objet inconnu, très souvent si ce n'est toujours, au moment où il pourrait toucher cet objet ou le prendre en main, à ce moment critique, l'enfant cherche le visage et le regard de l'adulte qu'il interroge silencieusement. Il interroge d'autant plus ce visage et ce regard qu'à la même période l'adulte et l'enfant « jouent » à ce jeu si passionnant que j'ai déjà décrit et qui s'appelle le *pointing*[1]. Parent et enfant ont pris l'habitude de partager des intérêts et des intentions, l'enfant se sentant guidé dans sa compréhension du monde par ce « fléchage » qui, en prime, lui donne une musique vocale énigmatique au début, le mot qui caractérise l'objet. Donc, à cet âge-là très précisément, quand l'enfant commence ses premières explorations, le parent est dans la même pièce et veille « du coin de l'œil » sur lui. La main en suspens, l'enfant attend de connaître la réaction parentale. Si le parent ne dit rien, semble inattentif ou a fortiori sourit parce que dans son effort d'appropriation le bambin est vraiment « craquant », alors l'exploration se poursuit et l'enfant se sent poussé par ses compétences motrices pour continuer. Parfois, le visage impassible, la voix un peu plus forte et ferme, le parent tout en regardant l'enfant lui dit : « Non ! Tu ne touches pas à ça... » Certains enfants retirent la main et s'intéressent à autre chose.

---

1. Voir p. 171.

Le plus grand nombre, tout en regardant attentivement le parent, parfois avec une mimique de bouderie ou de sourire séducteur, avance doucement la main. On est ici au cœur du problème ! Si l'adulte conserve la même mimique, répète calmement et fermement ses propos, l'enfant, *à cet âge*, retire sa main. Parfois, il reste là immobile, comme s'il attendait des explications qu'il est souhaitable alors de lui donner : « Tu vois, c'est fragile, je ne veux pas que tu y touches... » Contrairement à ce qui est trop souvent avancé, un interdit n'appelle pas obligatoirement des explications ou justifications avant l'action. En revanche, après que l'enfant a obéi, ces explications viennent comme un élément de reconnaissance de son obéissance. D'autres enfants changent assez facilement d'intérêt et, après cette brève insistance, détournent leur attention sur autre chose sans qu'il soit nécessaire de prolonger les commentaires. Bien qu'apparemment anodin, quelque chose d'essentiel s'est produit : l'enfant interrogeant l'adulte a reçu une limite et un début de code pour agir et se comporter : « Dans la maison il y a des choses que je peux prendre et d'autres que je ne dois pas prendre. » Comme je l'ai déjà précisé dans la première partie, il est souhaitable que les objets attrapables soient plus nombreux que les objets interdits : l'autorité autorise avant d'interdire et l'interdit ne prend sens que sur un arrière-fond d'autorisation. Dans ces conditions, l'enfant peut supporter la frustration minime de constater que quelques objets échappent à son exploration mais, en même temps, il reçoit de l'adulte une « explication ». Même s'il ne la comprend pas entièrement dès cet âge, il sait, en revanche, qu'on lui a dit quelque chose probablement digne d'intérêt et c'est cela qu'il aura envie de comprendre par la suite. D'un côté, sa curiosité est satisfaite grâce à tout ce qu'il peut librement explorer, d'un autre, elle est attisée par cette petite zone interdite.

Il est probable, il est même certain, que quelques heures plus tard ou le lendemain, la situation va se reproduire à l'identique et si le parent ne regarde pas l'enfant ou fait semblant de ne pas le voir, celui-ci cherche à attirer son attention en tendant la main en direction de la chose interdite, en faisant du bruit, voire même en appelant directement. Cette insistance agace de nombreux parents qui y voient la marque d'un refus d'obéir, d'un caractère difficile ou d'une recherche de provocation. En réalité, ce jeune enfant insiste parce qu'il a besoin de comprendre et d'être rassuré : comprendre d'abord que le monde est stable et cohérent. « Aujourd'hui est comme hier et ce que j'ai expérimenté hier vaut pour aujourd'hui, encore faut-il que je le vérifie. » Il cherche aussi à vérifier que l'adulte d'hier est le même que celui d'aujourd'hui, cette constance étant rassurante car il y a alors une certaine prévisibilité avec la possibilité de savoir par avance ce que cet adulte va dire ou faire. Il ne faut donc pas s'étonner qu'un enfant ait besoin d'un certain nombre de répétitions. Il est vrai qu'il y a là un paramètre individuel, certains enfants semblent avoir compris après dix à quinze fois, d'autres après cinquante fois ou plus. Certes, les premiers sont réputés être « plus faciles » que les seconds mais c'est là affaire de caractéristiques individuelles : aucun enfant ne ressemble complètement à un autre. Enfin, ce qui a été expérimenté avec maman doit aussi être essayé avec papa ! En d'autres termes, l'enfant vérifie la constance des règles d'un adulte à l'autre. Pour faciliter la compréhension de ces règles et la stabilité de leur acquisition, il est bon qu'elles ne soient pas trop différentes. Quand cet interdit-limite est acquis, le jeune enfant le respecte sans trop de difficulté et d'ailleurs, si on l'interroge : « Est-ce que tu as le droit de prendre ça ? », il répond volontiers : « Non » ! Quand il y a plus d'autorisations que d'interdits, cette limite, certes arbitraire, n'est pas l'expression de la jouissance d'un adulte à entraver un enfant ou l'expression de son sadisme ! Elle a, au contraire, une fonction protectrice et rassurante pour ce jeune enfant grâce à laquelle il obtient ce que j'appelle « une clef d'exploration du monde » en interrogeant l'adulte de confiance qui l'accompagne. Cette acquisition lui sera très précieuse quand il se trouvera dans un espace moins familier, tel que le square. D'un regard, il saura alors ce qu'il peut entreprendre et ce qu'il est préférable de ne pas faire[1].

Quand l'enfant a bien intégré cette limite, quelques mois plus tard, âgé d'un an et demi ou un peu plus, il peut arriver, et de mon point de vue cela est même souhaitable, qu'il s'autorise parfois à toucher ou explorer prudemment l'objet interdit *quand aucun parent n'est présent*. À cet âge, en effet, on peut commencer à le laisser seul dans la pièce pendant quelques minutes. L'enfant, libre du regard parental, s'autorise cette désobéissance pour satisfaire sa curiosité et plus encore pour s'identifier au parent : cette possibilité de « petite désobéissance » traduit le fait qu'une autorité fonctionnelle préserve la capacité de s'engager

---

1. Voir p. 167.

librement dans une action. Si le parent, revenant dans la pièce, découvre « le forfait », il a intérêt à simplement constater la désobéissance, prendre acte que l'enfant a fait attention à ne pas abîmer l'objet et rappeler l'interdiction : « Ah, tu en as profité pour le prendre ! Tu ne l'as pas abîmé (ou sali) j'espère. Tu sais que tu n'as pas le droit, repose cela s'il te plaît ! » L'enfant est reconnu dans sa curiosité, dans les précautions qu'il a déployées, mais aussi rappelé à l'ordre : l'autorité autorise aussi la désobéissance ou du moins en reconnaît la possibilité sans que cela soit une catastrophe.

Une double nécessité : celle de se répéter, celle d'une limite

Mais, comme nous venons de le dire, tous les enfants sont différents les uns des autres. Par exemple, certains enfants ont un comportement moteur et exploratoire plutôt explosif. Enfants fonceurs, ils expérimentent et constatent ensuite ce que cela donne ! Ils ont des yeux au bout des doigts et semblent avoir besoin de toucher pour comprendre. Ils ne cherchent pas toujours du regard l'adulte avant de s'engager dans l'action, sautant l'étape initiale, en quelque sorte. Avec ce type d'enfant, il est tout aussi nécessaire qu'une limite existe : avec la même attitude calme et déterminée, il convient d'exiger que l'enfant repose l'objet, de répéter deux ou trois fois la consigne et uniquement lorsqu'il apparaît impossible que l'objet soit reposé spontanément, de le retirer avec douceur et lentement de la main de l'enfant en énonçant clairement sur un ton neutre le refus. Ensuite peuvent venir les explications. Si la règle est constante et calmement répétée, cet enfant, tout fonceur qu'il soit, d'autant plus qu'il peut explorer à loisir un grand nombre d'autres choses, finira par obéir.

Si l'action se déroule comme cela a été dit, rares sont les enfants qui persistent et qui malgré l'interdit continuent de tripoter l'objet, souvent d'ailleurs de façon ostentatoire et en regardant l'adulte. Dans la très grande majorité des cas, pour ne pas dire toujours, ce comportement répond à une attitude ambiguë de l'adulte. Par exemple, tout en disant « non », l'adulte sourit parce qu'il trouve amusantes les mimiques de l'enfant ou parce qu'il se sent mal à l'aise dans l'énoncé de cet interdit. En plus, il y a souvent dans la tonalité de sa voix une douceur, une « permissivité » qui va à l'encontre de ce qui est dit. Fondamentalement, l'adulte ne croit pas ou n'a pas envie d'empêcher l'enfant de faire cela : « Oh ! ça n'a pas d'importance, il est si mignon, il m'a fait craquer... » Bien évidemment l'enfant fait l'expérience contraire de ce qui vient d'être décrit : le monde est changeant d'un jour à l'autre, les adultes sont imprévisibles. Il ne faut pas s'étonner que, dans ces conditions, l'enfant insiste encore plus et qu'il devienne inquiet, si ce n'est angoissé, devant cette incertitude permanente. Il en va de même, mais dans un registre légèrement différent, si maman refuse et que papa autorise (ou l'inverse !) : il y a là une énigme supplémentaire qui impose de tester encore plus souvent la chose : il recommencera ses tentatives avec encore plus d'ardeur ! Si l'attitude respective de chaque adulte reste stable et ne disqualifie pas celle de l'autre, le jeune enfant peut assez vite comprendre qu'avec maman cela est possible et pas avec papa (ou vice versa), mais il y faudra un peu plus de patience. En revanche, il faut s'attendre à ce que le bambin tente le coup quand papa et maman sont présents tous les deux : que va-t-il se passer dans ces conditions, quelle sera la règle ? Sans en avoir conscience, l'enfant teste la cohérence éducative du couple parental.

La réponse « idéale » serait celle-ci : « Tu sais que ta mère ne veut pas que tu y touches, alors pourquoi tu le fais, arrête s'il te plaît ! » Le parent qui, pour cette situation précise, est le parent habituellement autorisant, reconnaît l'interdit de l'autre, le respecte et demande à l'enfant d'en faire de même. Le principe d'autorité est préservé, même s'il autorise une certaine souplesse, l'enfant est rassuré par la cohérence entre ses parents. Un cran au-dessous, le parent permissif ne dit rien et laisse l'autre intervenir. L'enfant apprend qu'il y a deux mondes, celui de papa et celui de maman, il faudra faire avec, mais surtout l'autorité est un principe élastique fonction de chaque personne[1]... Un cran encore au-dessous, pendant que le parent énonce l'interdit, l'autre sourit, dodeline ostensiblement de la tête ou dit sur un ton pseudo-gentil : « Pourquoi tu lui interdis ! Regarde, ça lui fait de la peine ! » L'enfant perçoit très vite l'écart entre ses deux parents : il y trouve une marge de liberté mais aussi de manipulation, il est à l'école de la séduction. Si cela se répète régulièrement, il saura qu'il suffit de séduire quelqu'un d'autre pour pouvoir faire ce qu'on veut. Dernier cran enfin, l'adulte permissif disquali-

---

1. Ce n'est pas nécessairement une mauvaise chose pour bien s'adapter à la réalité du monde !

fie la position de l'autre, voire engage un conflit. Selon ses traits de personnalité, le jeune enfant peut soit y trouver un terrain d'aventures sans limites, il en profite pour faire ce qu'il veut et sa stratégie de prédilection sera de chercher à créer des conflits pour en profiter, l'autorité est un chiffon de papier juste utile pour se moucher ; soit être angoissé d'avoir déclenché ce conflit et vivre dans un profond climat d'insécurité et de culpabilité, il devient soumis et effacé par crainte des dégâts possibles : ce n'est plus de l'autorité, c'est de la peur.

Voici donc un conseil très concret : avec un enfant entre 8-10 mois et 16-18 mois, il est indispensable de sécuriser au maximum son espace d'évolution afin qu'il puisse s'adonner de façon jubilatoire au plaisir de la découverte du monde : cette autorisation d'explorer son environnement familier fonde le sentiment de sécurité interne et de confiance en soi. Mais comme il n'y a plus de raison objective d'interdire quelque chose à l'enfant (par exemple de ne pas toucher le feu dans la cheminée ou ne pas se pencher à la fenêtre) du fait de cette sécurisation bénéfique, il est tout aussi essentiel de permettre à l'enfant de prendre conscience qu'une limite existe : je conseille donc aux parents de choisir quelque chose (un cadre de photo qu'ils aiment bien, un objet souvenir pas trop fragile, etc.) que l'enfant n'aura pas le droit de prendre. Il peut s'en approcher, le regarder, demander au parent présent de le prendre et de le commenter, mais il ne doit pas lui-même le saisir, bien qu'il soit à sa portée. Certes, cet interdit présente une dimension relativement arbitraire puisque, comme on l'a précisé, les dangers réels et objectifs ont été écartés. Il s'agit en réalité d'un symbole : il existe toujours, à un certain endroit ou à un certain moment, une limite dans le monde, limite qu'il est préférable de savoir respecter, au moins dans un premier temps. Avec ce jeune enfant la limite doit être énoncée chaque jour, calmement et régulièrement, sans transiger ; il est préférable et plus facile à comprendre pour l'enfant que les divers adultes adoptent la même exigence concernant le même objet symbolique, dans une pièce ou un lieu précis.

Entre 16-18 mois et 3-4 ans : tester l'autorité

De nos jours, les enfants sont exhortés à montrer ce qu'ils savent faire et les parents se réjouissent ouvertement de leurs progrès : marcher mais aussi grimper, monter les marches d'escalier, sauter, empiler les cubes, faire des encastrements, etc. De ce fait, les enfants se sentent régulièrement autorisés et développent une grande confiance en eux-mêmes et dans le monde. Un petit enfant de 16-18 mois peut ainsi nourrir l'illusion, en grande partie fondée, que tout lui est permis ! Ce genre de conviction donne aux enfants contemporains une bien plus grande sécurité interne, une base narcissique solide, une étonnante capacité de s'adresser aux adultes comme s'ils étaient à leur service (ce qui n'est pas faux). Ils sont bien moins craintifs que les enfants des décennies précédentes et les pathologies de l'inhibition, si fréquentes il y a trente ou quarante ans, ont grandement régressé. Aussi, après la période de la conquête motrice, vient la période de la conquête du lan-

Savoir obéir, pouvoir désobéir

gage et de ses conséquences sur la relation, entre 18-
20 mois et 3 ans et demi-4 ans. Les premiers mots servent
à nommer une personne, un objet ou une situation, toutes
choses concrètes. Puis vers la fin de la seconde année,
autour de 18 mois-2 ans, l'enfant découvre un mot magique : le « non » ! C'est le premier mot qui ne fait pas référence à un objet, le premier mot abstrait. « Non, ce n'est
pas un camion, c'est une voiture », « non, je ne mangerai
pas », « non, je ne m'habillerai pas », « non, je n'irai pas à
la crèche... » Par ce « non », le petit enfant peut se réin-
venter un monde à lui ; il échappe au désir des parents,
n'est plus obligé de s'y soumettre, ce qui lui permet de se
sentir exister en tant que sujet autonome. On comprend
avec quelle jubilation il l'utilise, quelle impression de puissance il peut en retirer. Loin de rétrécir l'espace, le « non »
ne fait que l'élargir, ouvrant à des possibilités infinies. Si,
jusque-là, l'enfant ne faisait que répondre à la sollicitation
de l'adulte (sourire, tendre les bras), à un élément de la
réalité (chercher à prendre le biberon ou sa peluche), ou à
un mot partagé pendant le pointing, grâce au « non » il
commence à dire quelque chose de lui-même. Il comprend
vite que par ce « non », il s'affirme !

Toutefois, il existe plusieurs sortes de « non », chacune
servant à exprimer des stratégies différentes, donnant au
« non » une signification d'une richesse toute particulière.

Le « non » du refus (« Non, je ne mangerai pas ma
soupe... ») répond à une proposition concrète, souvent en
rapport avec les besoins physiologiques. Indice d'un fonctionnement autonome, il sert à se défendre des intrusions de
l'environnement. Le « non » de l'opposition (« Non, je ne

227

veux pas aller à la crèche… ») concerne davantage les conduites sociales et est en lien avec l'idée de soumission. Le « non » de la négation (« Non, je ne déteste pas ma petite sœur », « non, je ne suis pas méchante… ») permet de nier quelque chose que l'on a à l'intérieur de soi – une idée, un sentiment, un désir… – difficile à accepter ou qu'on n'a pas envie de savoir. Enfin, le « non » du refus de la réalité, ce qu'on pourrait appeler le « non » du délire ou de l'invention, celui qui vient nier le fait extérieur ou lui donner l'aspect que l'on veut : « Non, le ciel n'est pas bleu, non, les camions de pompiers ne sont pas rouges… » Contrairement à ce qui se passe dans la négation, ici seul existe le monde intérieur, ce que l'on imagine et ressent, dans une sorte de désir de toute-puissance sensorielle et imaginaire.

Toutes ces formes de négation, dont le jeune enfant découvre le pouvoir magique dans sa bouche, l'autorisent subitement à renverser à son profit ce « non » de l'interdit, qui était jusque-là l'exclusive propriété de l'adulte : « Non, tu ne touches pas à ça… non, tu ne manges pas ce gâteau avant le repas… non, tu arrêtes de jouer, c'est l'heure de dormir… » Dire « non » permet enfin de s'opposer, donc de se différencier de l'autre. Et comme ce jeune enfant des temps modernes avait jusque-là rarement, si ce n'est jamais, rencontré d'interdit ou de limite, comme il avait presque toujours été autorisé, alors le « non » vient à son secours quand la « méchante » réalité lui impose une limite, une contrainte, une nécessité : « Non, je sais faire », « non, j'ai pas faim », « non, c'est moi qui veux ». Le « oui » fait pâle figure à côté, car dire « oui » ne signe pas seulement l'acceptation, mais peut-être aussi la soumis-

sion, en particulier au désir de plaire à l'autre. En disant
« non », il n'y a plus de doute, c'est *moi* qui parle, qui
m'affirme comme individu singulier, différent des autres.
Le « non » permet d'exister, du latin *exsistere*, sortir de sa
place, l'enfant n'est plus un *infans*, celui qui ne parle pas,
il devient un être humain doté de parole[1].

Du côté des parents, avec l'apparition de ce mot magique, la tâche se complique. En effet, s'il faut entendre et
prendre en considération ce « non » d'affirmation paradoxale de soi, il est tout aussi indispensable qu'il puisse
être parfois contenu. Sinon, justement, l'enfant ne pourra
jamais renoncer à ce sentiment de toute-puissance que procure le « non » et qui fait de lui le roi du monde. On aura
reconnu à travers la description qu'on vient de faire ce
qu'on appelle la « phase d'opposition ». Celle-ci commence à apparaître vers 2 ans-2 ans et demi et se prolonge
souvent jusqu'à 4 ans-4 ans et demi. C'est la période où
l'enfant « dit non à tout », à la chose et à son contraire,
s'oppose ouvertement, déclare volontiers : « C'est moi qui
décide ! » Dans les bons cas, il faut parler, expliquer, négo-
cier, passer du temps pour obtenir enfin que le cher bambin finisse par accepter. Dans les cas les plus compliqués,
une colère couronne l'épisode : l'enfant trépigne, crie,
refuse d'entendre. Cela peut durer plusieurs minutes et
même chez les plus « vigoureux » une heure ou plus
encore. Une apparente désorganisation du comportement
s'y ajoute parfois : l'enfant se roule par terre, lance des

---

1. Voir sur ce thème : D. Marcelli, P. Leroy, *C'est en disant non
qu'on s'affirme, op. cit.*

coups de pied. La colère se transforme en rage et il cherche à agresser les personnes ou les objets, renverse la chaise, casse un jouet et, au maximum, se cogne la tête sur le sol, sur un coin de mur, se donne des coups... du moins si on le laisse faire ! La « crise » s'arrête parfois comme par magie, parce que l'attention se détourne vers autre chose, parce qu'on lui donne ce qu'on venait de lui refuser, parce qu'un tiers intervient ; souvent l'épuisement physique paraît être la seule manière de sortir de la crise : les hurlements se transforment en cris, les cris en pleurnichements puis en geignements, et l'enfant s'endort ou cherche à se faire câliner. Il n'est pas rare qu'il demande « pardon » ! Cette phase d'opposition, les parents la connaissent et en redoutent l'apparition ; ils ont d'autant plus raison d'avoir ces craintes que les jeunes enfants d'aujourd'hui semblent incontestablement présenter des « épisodes d'opposition » intenses, beaucoup plus importants que ce qu'on observait il y a quelques décennies. Il est rare de nos jours que les enfants ne s'opposent pas et ne manifestent pas quelques « colères » entre 2 et 4 ans. Cela va d'une fois par mois (fréquence banale et considérée comme normale) à des fréquences hebdomadaires, quotidiennes et même pluriquotidiennes (on entre là dans le comportement inquiétant, voir au chapitre 1). Pourquoi cela ? Les enfants sont de ce point de vue comme tous les êtres humains : ils n'aiment pas renoncer au pouvoir ! Précisément parce que les enfants sont régulièrement autorisés, parce qu'ils sont encouragés à montrer leur compétence, parce qu'ils ont bénéficié d'une écoute et d'une attention bienveillante des parents, parce que ces derniers ont répondu régulièrement à leurs demandes, l'apparition du langage offre des possibilités nouvelles, dont celle de dire « non », et de prendre le commandement de la relation. Il n'est pas rare d'entendre des enfants de 3 ans déclarer péremptoirement que la décision leur appartient. Au nom de quoi les enfants devraient-ils *spontanément* renoncer à cette position de toute-puissance acquise au cours de la toute petite enfance ? Beaucoup de parents semblent croire naïvement que, comme ils ont tout fait jusque-là pour satisfaire leur enfant, celui-ci en retour devrait comprendre « naturellement » que désormais, sur tel ou tel point, ce n'est plus lui qui dirige la relation ! Précisément, la nature est telle que le dominant ne rend jamais spontanément le pouvoir. La relation d'autorité n'a rien de naturel : parents et enfant devront y travailler et affronter ce cap difficile. C'est le prix de l'éducation.

Car les parents doivent comprendre qu'il est très douloureux pour l'enfant de se trouver confronté à cette limite assez nouvelle pour lui : il y a une vraie souffrance, parfois un grand désarroi et une profonde incompréhension, devant cet obstacle qui surgit et l'empêche d'obtenir ou de faire ce qu'il veut. Les enfants sont alors vraiment malheureux de constater qu'ils ne décident pas de tout ! Mais les parents doivent aussi savoir que s'ils cèdent en permanence, ou après avoir commencé à refuser, ou parce que l'enfant proteste ou menace de faire une colère ou déclenche une colère, la fois suivante l'exigence sera encore plus impérieuse, la colère encore plus vite déclenchée, encore plus incontrôlable et spectaculaire, la rage destructrice encore plus intense...

Voici donc le conseil correspondant à cette phase d'opposition. Les parents doivent éviter autant que possible d'entrer frontalement en conflit avec l'enfant et, quand celui-ci s'oppose, de temps en temps accepter cette opposition mais en la commentant : « Là, tu vois, c'est toi qui as décidé mais la prochaine fois ce sera peut-être moi qui déciderai » ; de temps en temps chercher à détourner son attention sur quelque chose d'autre, ce qui à cet âge ne présente pas grande difficulté. Cette stratégie de détournement d'attention est utile car elle apprend à l'enfant l'intérêt de la souplesse psychique : il est souvent plus néfaste que bénéfique de se cramponner à son idée sans chercher la moindre alternative. Mais il est fondamental que parfois le parent refuse et s'oppose à l'opposition de son enfant. Un bras de fer risque alors de s'engager, l'enfant défie du regard l'adulte et monte en tension dans son comportement habituel de colère : expression mimique d'un grand malheur ou d'une grande souffrance (chez ceux qui ont appris auparavant que la séduction fonctionne), bouderie exacerbée (chez ceux qui savent que le refus de relation fonctionne), cris ou trépignements qui s'accentuent (chez ceux qui ont appris que la menace de la force fonctionne), etc. Plus la colère est manifeste, plus le parent doit refuser de céder. S'il cède après que les manifestations de colère ont commencé, l'enfant apprend vite qu'il lui suffit de se mettre en colère pour obtenir ce qu'il veut et que ce comportement est systématiquement récompensé ! Le parent ne doit pas se mettre en colère, en tout cas ne pas l'exprimer dans son comportement. Car s'il se met en colère, cela traduit une relation de symétrie émotionnelle entre enfant et parent : « Tu es en colère, moi aussi je suis en colère. » En outre, dans le cas présent, c'est l'enfant qui a déclenché la colère de son parent : il a un pouvoir sur les émotions de celui-ci ! Le parent doit donc garder une voix calme, baisser le ton à mesure que l'enfant crie plus fort en commentant : « Ça ne sert à rien de crier. » Surtout, il ne doit pas se moquer de l'enfant, avoir sur son visage un petit sourire hautain ou de mépris, car il ne faut pas oublier que l'enfant souffre vraiment et, d'autre part, ce sourire désobligeant fonctionne comme une incitation tacite à accentuer le comportement d'opposition. Il peut reconnaître la colère et la souffrance de l'enfant, ce qui permet à ce dernier de mieux identifier et nommer ses émotions : « Je comprends que tu sois en colère. On aime bien avoir toujours raison et c'est douloureux d'être obligé de céder. » Il doit éviter de maîtriser physiquement l'enfant mais rester présent, tranquille et déterminé : « Tu peux protester ou te mettre en colère, je ne céderai pas. Je veux (ou je ne veux pas) que tu… » C'est seulement quand l'enfant a des comportements destructeurs que le parent doit le contenir : l'empêcher de casser des objets, car l'enfant se sentira ensuite profondément coupable et risque de chercher de nouveau à se faire punir ; l'empêcher de se faire du mal car le rôle des parents est de protéger leur enfant, y compris contre lui-même et ses impulsions. Bien sûr, il faut alors parler à l'enfant : « Non, je refuse que tu casses (que tu te fasses du mal), je suis obligé(e) de te tenir. » Pendant cette interaction, il est relativement inutile d'expliquer, de chercher à se justifier sur les raisons qui conduisent le parent à s'opposer à l'opposition de l'enfant, ces explications viendront plus tard, à distance, le soir ou le lendemain, quand la relation parent-enfant aura retrouvé sa qualité de base.

Enfin, après quelques minutes, quand l'opposition commence à mollir, l'intelligence relationnelle consiste à offrir à l'enfant une porte de sortie honorable en lui proposant autre chose, un intérêt, un service ou une activité partagée : « Allez, viens, on va… mettre la table… ranger la chambre… arroser les fleurs… faire une course… » Il y a plein d'occupations qu'un jeune enfant aime partager avec l'un de ses parents ! Dans le cas présent, il ne s'agit pas de jouer avec l'enfant, ce qui serait une récompense pour son opposition, mais de faire ensemble quelque chose d'utile. Deux ingrédients sont indispensables : la patience et le temps (il s'agit en fait du même ingrédient puisque la patience, c'est l'art d'attendre…). L'éducation d'un enfant demande du temps : j'en suis désolé mais cela est incontournable : si la science permet de compacter la musique en MP3, elle ne sait pas encore compacter le temps nécessaire à l'éducation ! Les parents se plaignent souvent de ne pas avoir le temps dans une société où règne l'urgence. Pour tenir compte des contraintes de la réalité, je leur propose de bien réfléchir avant de s'engager dans cette interaction « d'opposition à l'opposition » et de ne le faire que s'ils disposent d'un minimum de temps, par conséquent plutôt le soir ou un week-end, mais pas le matin quand il faut partir au travail…

Qu'est-ce que l'enfant a appris ? Tout d'abord, qu'il n'est pas tout-puissant et que ses exigences ont des limites. Que l'adulte et l'autre en général ne se soumettent pas systématiquement. Que l'adulte n'a pas méprisé ni dévalorisé sa colère, il l'a reconnue ainsi que sa souffrance. Ensuite, que cet adulte est capable de garder le contrôle de ses propres émotions, de ne pas se mettre en colère. Que si son besoin de s'opposer a été reconnu, pour autant cette reconnaissance n'entraîne pas obligatoirement l'acquiescement. Enfin, que l'adulte est capable de le contenir, de lui donner des limites, ce qui est profondément rassurant. Il n'est que de voir la profonde angoisse chez ceux qui précisément ne semblent avoir jamais reçu de limites ! L'expérience montre que les enfants sont reconnaissants à l'adulte d'avoir ainsi été contenus ; ils se sentent rassurés et protégés de leurs propres pulsions. Cette reconnaissance s'appelle l'autorité.

Qu'est-ce que l'adulte a appris ? Qu'on ne peut pas toujours « faire plaisir » à son enfant. Qu'il est très difficile de devoir « prendre sur soi » et de se contrôler : il faut être capable de se surveiller soi-même (ce qui est l'objectif de l'éducation !). Qu'il est très satisfaisant, quand on y arrive, de pouvoir montrer cet exemple à ses enfants. Que, manifestement, l'enfant semble soulagé et heureux d'avoir été contenu de la sorte. Que la fois suivante l'interaction sera plus facile, et qu'on sortira de cette opposition de façon plus rapide et plus souple : sur le long cours, on gagne du temps ! Enfin l'adulte se sent lui-même reconnu dans cette autorité et c'est pour chaque parent une grande offrande de la part de ses enfants.

Silence, c'est moi qui parle !

À mesure que le langage progresse, il s'enrichit, les phrases se construisent, le débit de mots augmente et une véritable « conversation » se met en place. L'enfant acquiert une bonne fluence verbale et vers 3 ou 4 ans, il peut commencer à tenir un début de conversation. Concernant le langage, il existe de grandes variations d'un enfant à l'autre et l'attitude des parents devra se caler plus sur la compétence langagière de leur enfant que sur son âge. Tant que l'enfant n'a pas acquis cette relative facilité à parler, tant qu'il cherche ses mots, les articule avec hésitation, parfois en faisant de petites erreurs, tant qu'il a du mal à associer plusieurs mots et à finir la phrase commencée, en un mot, tant que l'enfant se situe dans cette phase d'acquisition du langage, il est souhaitable que les parents respectent cette tâche ardue et le laissent s'exprimer. Lui couper sans cesse la parole sous prétexte que « ça ne vient pas assez vite », le reprendre à tout propos parce que l'expression n'est pas correcte, l'obliger à répéter chaque mot en articulant correctement, tout cela, on le sait d'expérience, peut entraîner des retards de parole ou de langage, des inhibitions, des bredouillements ou des bégaiements, etc. Les parents ont donc été invités à être attentifs aux premiers mots de leur enfant, à ses premières ébauches de conversation, ont eu le souci de deviner ce qu'il voulait dire sans lui couper la parole et déclarer de façon plus ou moins moqueuse qu'ils ne comprennent pas. Désormais, quand l'enfant commence à s'exprimer, ils tendent l'oreille, montrent leur plaisir à l'écoute de ces premiers mots. S'ils parlent, ils se taisent aussitôt pour recueillir ces premiers mots. Ainsi, entre 2 et 3 ans, l'enfant prend l'habitude de constater qu'autour de lui tout le monde se tait quand il parle ! Les adultes tendent l'oreille, signification exacte de *obœdire,* d'où vient le mot obéir : les adultes obéissent littéralement aux premières expressions langagières de leur enfant et des enfants en général. Il faut le redire, cela est bénéfique. Mais avec le progrès dans les capacités d'expression, l'enfant parle de plus en plus, exprime ce qu'il a envie de dire à tout instant et, sans s'en rendre compte, coupe la parole de ceux qui sont en train de s'exprimer. Il arrive même qu'il élève la voix, exige qu'on l'écoute, demande le silence pour parler. Une anecdote au cours d'une réunion de famille où Camille, fillette bavarde de 4 ans et demi, est la seule enfant (c'est la première petite fille) au milieu des parents, grands-parents, arrière-grands-parents : elle parle abondamment, tous les adultes se taisent. Son père, peut-être a-t-il envie de dire quelque chose, intervient : « Camille, arrête de parler, on n'entend que toi ! » Un peu interloquée, Camille se tourne vers son père et d'un ton très assuré lui répond : « Je ne parle pas, je m'exprime ! » Bien évidemment cette répartie déclenche les rires de l'assemblée et Camille, épanouie, continue de plus belle... Ce n'est pas une enfant surdouée, mais elle a probablement entendu l'institutrice de maternelle dire à elle-même ou aux autres enfants : « Exprime-toi, exprimez-vous. » On en arrive à cette situation inversée en quelques décennies dans de nombreuses familles : aujourd'hui les enfants, d'autant plus qu'ils sont jeunes, parlent, y compris à table, les adultes les écoutent et se taisent, là où jadis les adultes parlaient et les enfants devaient se taire et écouter. Ces deux excès sont aussi néfastes l'un que l'autre.

Voici un conseil utile à partir du moment où l'enfant a acquis une aisance langagière permettant un début de discussion. S'il est souhaitable et bénéfique de laisser l'enfant s'exprimer régulièrement et surtout de le laisser finir ses phrases sans lui couper systématiquement la parole au seul prétexte qu'il est un enfant et doit se taire, il est tout aussi essentiel de lui apprendre à respecter la parole des autres et à écouter ou se taire quand un adulte s'exprime (et pas seulement le frère ou la sœur aîné, lequel ou laquelle ne se prive pas d'exiger que son puîné se taise et l'écoute !). Quand deux adultes se parlent, les deux parents, ou l'un des deux avec un voisin ou un étranger, il est fondamental que l'enfant respecte cet échange et ne cherche pas systématiquement à couper la parole du parent en se mettant à lui parler ou en s'adressant à l'autre personne. De nombreux parents, peut-être un peu plus fréquemment des mères que des pères, continuent à faire ce qui était bénéfique quelques mois auparavant mais qui est devenu inadapté maintenant : ils interrompent l'échange avec l'adulte, se taisent, se tournent vers l'enfant et écoutent ce qu'il a à dire. Certains enfants un peu réservés s'approchent du parent et lui murmurent à l'oreille si faiblement que le parent lui dit : « Je n'ai pas compris, tu parles trop doucement », ce qui est une invite implicite à continuer, d'autres plus audacieux n'hésitent pas à tourner le visage du parent pour capter son attention exclusive ! Si parfois l'enfant fait une remarque assez pertinente sur le contenu de la conversation en cours, dans la grande majorité des cas il a coupé la parole aux adultes pour intervenir sur tout autre chose : le jeu d'hier, ce qu'a dit une copine, le chien qui est là, ce qu'il doit faire plus tard, etc. On aura compris que l'objectif était en réalité de reprendre la direction de la communication et de vérifier que les adultes, son parent plus précisément, se tait quand il parle, c'est-à-dire qu'il « obéit » à sa parole. Les parents ont donc grand intérêt à ne pas accepter que l'enfant coupe ainsi la parole aux adultes en général, à eux en particulier : « Non, tu ne me coupes pas la parole, je termine ce que j'ai à dire, tu attends, si tu as quelque chose à me dire, tu me le diras tout à l'heure. » Ils apprennent ainsi à l'enfant qu'il n'y a pas que sa parole dans le monde, celle des autres compte aussi, qu'il faut apprendre à prendre son tour dans un échange et savoir « obéir » aux règles de la conversation. Le parent, père ou mère, car il n'y a pas de sexe prépondérant en la matière, lui montre aussi qu'il n'est pas le seul à compter à ses yeux et que les autres peuvent aussi avoir des choses intéressantes à dire. En revanche, quand la conversation est finie ou quand un moment de silence ou de ponctuation survient dans l'échange entre adultes, il est indispensable que le parent se retourne vers l'enfant et lui demande : « Qu'est-ce que tu voulais me dire tout à l'heure ? » Cela témoigne de l'intérêt et du respect pour la personne de l'enfant et non pas, comme jadis, une obligation de se taire du seul fait d'être un enfant, avec le sous-entendu implicite que les propos d'un enfant n'ont aucune importance.

De 3-4 ans à 5-6 ans : la limite qui construit

Déjà, dans cette relation où deux adultes discutent en sa présence, l'enfant doit « apprendre » à ne pas être celui qui monopolise la parole mais aussi savoir écouter les autres, donc être en position de relative passivité et prendre son tour de parole quand c'est possible. Il doit, par conséquent, apprendre à ne pas être au centre de la communication, ni au centre de l'intérêt du ou des adultes, accepter ce relatif retrait. La période d'opposition traduit précisément le fait que l'enfant cherche à diriger à son profit exclusif la relation à l'adulte, plus souvent sur un mode dyadique, relation à deux, que triadique, relation à trois. Ce mode de relation triadique va s'épanouir vers la fin de la 3ᵉ année et dans le cours de la 4ᵉ année, celles qui correspondent à ce qu'on nomme classiquement la « période œdipienne ». L'enfant prend alors conscience, de façon aiguë et parfois douloureuse, non seulement qu'il n'est pas systématiquement le centre du monde, mais qu'en plus il lui arrive de « rester sur la touche » quand papa et maman sont ensemble : « Que font-ils donc, et moi ils m'oublient ? » C'est l'âge où le jeune enfant adore se retrouver le dimanche matin au lit entre papa et maman, où il s'interpose entre ses parents quand ils se serrent un peu trop fort à son goût l'un contre l'autre, où il déclare son intention de se marier avec son parent (en général celui de l'autre sexe)... L'Œdipe, on le sait, caractérise les sentiments tendres que l'enfant éprouve à l'égard du parent de l'autre sexe, la maman pour le fils, le papa pour la fille, conjugués à l'hostilité relative envers le parent du même sexe qui est, en quelque sorte, l'empêcheur de s'aimer tranquillement ! Bien sûr, tout cela serait trop simple si on se limitait à ce premier niveau. Car rapidement l'enfant redoute ce désir hostile d'écarter le parent du même sexe : il peut alors redoubler de gentillesse ou de soumission à son égard en acceptant sa position d'enfant et en cherchant simplement à s'identifier à lui. Inversement, avec le parent de l'autre sexe, l'enfant peut se sentir sinon rejeté du moins déçu dans ses « avances » et en éprouver du ressentiment. Dans un cas comme dans l'autre, l'essence même de la période œdipienne consiste dans le fait que l'être humain se trouve confronté à l'ambivalence de ses sentiments : on peut aimer et détester en même temps la même personne ! Cette ambivalence donne au fonctionnement psychique (on peut dire aussi à l'esprit ou à l'âme, selon ce qu'on croit) humain une profondeur et une complexité inégalées dans le monde vivant. Concernant l'enfant, la marque de cette ambivalence peut s'exprimer par ce paradoxe : un enfant désire profondément disposer de son parent pour lui tout seul, mais il désire tout aussi vigoureusement se sentir protégé par le couple de ses deux parents. Comment faire quand on veut avoir à la fois ses deux parents ensemble avec soi et en même temps un seul parent pour soi en écartant l'autre !

En quoi cela concerne-t-il l'autorité et l'obéissance ? Au moment de cette période œdipienne, l'enfant prend conscience de façon assez vive des écarts, des différences entre l'un et l'autre de ses parents. C'est l'âge où quand l'un des deux interdit quelque chose, aussitôt l'enfant va demander à l'autre s'il peut le faire ! L'enfant éprouve donc la solidité du couple parental et cherche à vérifier si ce qui est permis ou interdit avec l'un l'est aussi avec l'autre. Il s'agit de tester la cohérence de son univers, mais aussi d'approfondir le sens des différences entre adultes. Bien évidemment l'enfant y trouve une part de jeu relationnel qui l'autorise à adapter son attitude selon la personne présente. C'est là

241

un comportement tout à fait banal qui peut même s'avérer utile en société : savoir s'adapter à son interlocuteur tout en restant soi-même. Savoir que maman ne permet pas exactement les mêmes choses que papa, qu'elle n'a pas les mêmes exigences donne à l'enfant une part d'autonomie, de relative liberté. Toutefois, si ces « petites différences » peuvent être bénéfiques par le fait qu'elles introduisent un peu de souplesse dans le fonctionnement psychique, inversement des attitudes systématiquement opposées, des positions complètement contradictoires font que, très rapidement, l'enfant se sert de ces incohérences pour n'en faire qu'à sa tête, pour choisir le parent qui lui donne raison. Il apprend vite à manipuler l'un ou l'autre, à susciter des conflits et, au final, à ne respecter aucun interdit ni limite hormis ceux qui tiennent à son bon plaisir.

Voici un conseil indispensable pour que chaque parent soit reconnu dans son autorité par l'enfant. Il n'est pas nécessaire, ni souhaitable, que sur tout et en toute occasion, père et mère aient exactement le même avis, la même position, les mêmes exigences et les mêmes interdits. Contrairement à ce qui est trop complaisamment avancé, des petites différences entre parents sur les attitudes éducatives peuvent ne pas être néfastes et même, osons le dire, s'avérer bénéfiques. Quel serait l'intérêt d'avoir deux parents si leurs comportements devaient être strictement identiques ? Ces petites différences autorisent le jeu relationnel, favorisent une certaine souplesse psychique, permettent d'éviter une trop grande rigidité surmoïque. Mais les parents devront faire preuve d'une grande perspicacité pour reconnaître cette différence sans disqualifier la position de l'autre parent, ni faire semblant de s'y rallier de façon factice. Des exemples ? Thomas, 5 ans, seul avec son papa le midi, se sert de ses doigts pour manger un morceau de viande froide, son père ne dit rien. Thomas constate : « Maman, elle veut pas que je mange avec mes doigts. » Que répondre ? « Maman veut t'apprendre à manger comme un grand avec ta cuillère, aujourd'hui je te laisse manger comme un bébé avec tes doigts, mais il ne faut pas le faire tous les jours. » Dans le cours de la relation, il n'est pas toujours évident de trouver les termes équilibrés qui permettent de ne pas dévaloriser la demande ou l'interdit de l'autre parent, voire même de le justifier sans, à l'inverse, avoir une attitude qui semble encourager l'acte de désobéissance. À partir de 3-4 ans, les enfants font preuve d'une étonnante capacité de mise à l'épreuve de ces différences entre parents. « Avec maman, j'ai le droit ! » dit celui-ci à son père… « Papa ne m'a pas dit d'enlever mes chaussures », affirme cet autre. Finalement, les enfants aiment jouer à ce jeu des « sept différences » où sur deux dessins apparemment identiques il faut trouver quelques anomalies qui les distinguent l'un de l'autre. Il en va de même pour les deux parents : chaque enfant se demande en quoi ils sont différents. On comprend aisément que, au-delà du couple parental, ce jeu relationnel puisse mettre à rude épreuve la solidité du couple, d'autant plus si des germes de mésentente entre les deux conjoints commencent à éclore. Dans ces conditions, chaque fois qu'un parent disqualifie la position de l'autre parent, surtout si cette disqualification prend la forme d'une séduction (« Oh, maman elle nous casse les pieds avec ça ! »), chaque fois avec ces propos il arrache dans l'inconscient de l'enfant un fragment de reconnaissance d'autorité envers *l'un et l'autre des deux parents*. En disqualifiant l'autre parent, il se disqualifie lui-même et c'est le principe d'autorité qui est alors attaqué. Mais il est tout aussi factice, quand les deux parents ne s'entendent pas, de faire semblant du contraire ! Il n'y a alors pas d'autre possibilité que de reconnaître cet écart, à condition que cette reconnaissance ne s'accompagne d'aucun jugement de valeur (ou de dévalorisation) : « Oui, c'est vrai, ta maman et ton papa ne sont pas d'accord là-dessus. Eh bien, quand tu es avec ta maman, tu fais comme elle demande et quand tu es avec moi, tu fais comme je te demande. » L'expérience montre que les enfants s'accommodent assez facilement de ces différences quand elles sont ainsi clairement reconnues et explicitées, mais qu'ils ont cependant tendance à y revenir régulièrement. Il faudra donc tenir cette position sans fléchir et répéter ces propos très souvent. Mais une nécessité demeure : les parents doivent partager un minimum de positions, d'exigences et de limites communes pour que l'enfant ne se sente pas éclaté entre deux mondes fondamentalement hétérogènes et étrangers l'un à l'autre. Qu'est-ce que l'enfant apprend grâce à ces petites différences ? Il apprend la complexité du monde : les choses sont rarement en tout ou rien et la nuance fait partie de la vie ; il apprend également que chaque être humain est différent de l'autre, cette différence, bien qu'elle complique la vie, peut aussi être une richesse ; il apprend qu'on peut vivre ensemble sans nécessairement être du même avis sur tout, savoir très utile pour sa vie affective ultérieure ; il constate aussi qu'il faut faire la part entre les règles de vie, relativement adaptables selon chaque personne ou situation, et les grands interdits ou obligations, qui eux ne se discutent pas ; ainsi, par ce jeu relationnel, il apprend à distinguer le principe d'autorité de l'exercice du pouvoir. L'expérience de cette relation triangulaire permet que se construise une représentation sociale nuancée de l'autorité.

De 6-7 ans à 11-12 ans : tester la désobéissance

Au sortir de cette période œdipienne, l'enfant a acquis les bases complexes qui régissent le principe d'autorité : l'autre n'est pas là uniquement pour interdire, il est là pour guider, donner un sens aux actions, savoir ce qui est possible ou non, en un mot, on peut avoir confiance dans son jugement : obéir protège. Dans le désir de toute-puissance, soi-même peut être son propre ennemi, aussi est-il souhaitable de savoir se retenir et se contenir de temps à autre ; vivre en société implique de laisser une place à l'autre parfois en se limitant soi-même : obéir contient. Enfin, dans les relations à plusieurs, il faut s'accommoder de certaines différences et savoir distinguer entre ces accommodements et des principes ou des règles intangibles : obéir implique de réfléchir. Pour dire les choses de manière triviale, l'enfant apprend qu'il est bénéfique d'obéir à une autorité qui protège et contient, et qu'on peut interroger l'autorité dans ses applications sociales. C'est ce qu'il ne manquera pas de faire à mesure qu'il découvre la vie sociale au-delà du cercle familial étroit, celui des enfants, des parents et des grands-parents. Avec l'entrée dans ce qu'on nomme la latence ou encore l'âge de raison, l'enfant commence à avoir des amis plus nombreux, participe à des activités sportives ou culturelles, fait des séjours loin des parents : classe de mer, de montagne ou de campagne, colonie de vacances, demande à aller une nuit de temps à autre dans la famille des copains ou copines, etc. Le cercle social de cet enfant s'accroît, mais bien qu'il s'éloigne des parents, le principe qui régule son comportement reste en lien avec eux : en effet, son critère de jugement continue de s'appuyer sur les recommandations parentales et s'articule autour du bien et du mal. Faire ce que les parents recommandent ou exigent est « bien » ; faire ce que les parents interdisent est « mal ». L'enfant est un être profondément religieux, dans son sens étymologique *re ligare*, être relié en arrière : il est relié à la parole de ses parents, ceux de la génération d'avant dans l'ordre de la chronologie, les « grands » ou les adultes dans l'ordre de la hiérarchie. Mais précisément, l'expérience des petites différences, l'ouverture à la relation sociale élargie vont lui permettre de tester les limites de ce bien et de ce mal. À l'abri du regard parental, l'enfant s'autorise quelques accommodements : avec les étrangers, les autres adultes, les parents de ses amis, il obéit assez scrupuleusement aux règles, aux exigences et aux interdits parentaux. Mais quand il est seul, il traîne quelques minutes en rentrant de l'école, il regarde la télévision ou joue à la Play Station avant de faire ses devoirs, il ouvre le réfrigérateur et ne prend pas nécessairement ce que son père ou sa mère a prévu pour son goûter, il achète la friandise interdite. Avec un bon ami, il s'aventure là où ses parents lui ont interdit d'aller, dans la ville, sur Internet ou dans un magasin... Autant de petites désobéissances qui font frémir le psychisme enfantin au moment où elles sont commises, suscitent de la culpabilité mais lui donnent aussi un sentiment d'être capable quand rien de catastrophique ne se produit, ce qui est le cas le plus fréquent heureusement, il convient de le reconnaître ! Comme Ève au jardin d'Éden, l'enfant aime croquer au fruit défendu, celui de l'arbre de la Connaissance... Ces petites désobéissances que l'enfant s'autorise le font « grandir » et sentir le parfum d'une certaine forme de liberté, ce qu'on appelle l'autonomie, c'est-à-dire la capacité progressive à se mouvoir par lui-même : *auto nomos*.

Il serait fastidieux de multiplier les exemples et, de toute manière, l'inventivité d'un enfant en bonne santé psychologique le conduira souvent à surprendre ses parents là où ils ne s'y attendent pas ! L'éducation consiste à faire en sorte que l'enfant obéisse aux règles mais aussi qu'il ne soit pas désarçonné par les exceptions et les surprises[1]. Inversement, du côté des parents, éduquer un enfant ne se fait jamais sans surprises, et celles-ci sont souvent riches d'enseignement pour eux ! J'ose dire ici que ces petites désobéissances font partie de la santé psychique d'un enfant et certainement aussi d'un adulte. Un enfant qui ne s'autoriserait aucun de ces petits aménagements pendant cette latence risquerait de se trouver fort démuni à l'entrée de l'adolescence, à un âge où les exigences pulsionnelles

---

1. Sur le thème de la surprise dans l'éveil et l'éducation de l'enfant, voir mon ouvrage : *La Surprise, chatouille de l'âme, op. cit.*

d'un côté, la pression des pairs de l'autre ne lui laisseront d'autre choix que de se soumettre à ce Surmoi intransigeant ou de se révolter de façon souvent chaotique. Dans ces conditions, voici les recommandations utiles à se rappeler en tant que parents, car ici les « conseils » semblent inappropriés. Je recommande aux parents de faire preuve de discernement et de hiérarchisation. Discernement dans l'évaluation de l'acte de désobéissance, hiérarchisation dans la réponse à y donner. Il est essentiel, en effet, de distinguer entre les actes de petite désobéissance et ceux qui relèvent d'une transgression potentiellement grave. Il appartient aux parents de qualifier clairement le niveau de bêtise commise par l'enfant, en exprimant leur mécontentement s'il s'agit de vétilles et en montrant une vraie colère s'il s'agit d'un écart possiblement dommageable pour sa santé physique, psychique ou sociale. Il n'est pas inutile que les parents montrent leurs émotions de temps à autre car celles-ci peuvent être un guide précieux pour l'enfant. Pour cette première fois, je recommanderai volontiers aux parents le pardon qui est une forme de reconnaissance de l'incartade, reconnaissance qui en miroir préserve leur autorité aux yeux de l'enfant, mais à la condition expresse qu'ils énoncent la sanction qui suivra inéluctablement la répétition de cette bêtise. La hiérarchisation concerne bien évidemment la nature de la sanction et si la colère est bonne à exprimer lors d'une « grosse bêtise », elle est rarement bonne conseillère dans le choix du niveau de la sanction : c'est la raison pour laquelle je recommande chaudement aux parents de n'énoncer cette sanction que le lendemain, pour se donner un temps de réflexion et de concertation entre eux afin d'être solidaires dans cet énoncé et son éventuelle application. Enfin, si dans ses petites bêtises l'enfant ne fait que contourner quelques règles de vie sans aucun dommage pour lui, je suggérerai aux parents de faire « comme s'ils n'avaient rien vu » et de lui accorder cet espace de liberté. Par exemple, s'il traîne un peu en rentrant de l'école ou s'il commence par regarder la télévision ou faire des jeux, mais que le soir il a fait son travail scolaire sans rechigner et que ses résultats restent satisfaisants, il est certainement préférable de lui accorder cette autonomie dans l'organisation de sa vie plutôt que de le contraindre pour telle ou telle raison à devoir travailler avant de s'amuser, comme je le constate parfois dans quelques familles au fonctionnement assez rigide, exigence qui crée toujours des oppositions, des conflits et aboutit à des résultats contraires à ce qui est recherché.

Plus que jamais, l'éducation est un paradoxe qui consiste à obtenir des enfants non pas qu'ils se soumettent mais qu'ils obéissent et à les laisser parvenir à ce moment particulier où ils vont désirer être les auteurs de leurs propres décisions. Si jadis la soumission de l'enfant pouvait apparaître comme le principe éducatif de base, aujourd'hui il faut inlassablement dénoncer les effets délétères d'une éducation par la soumission. Par conséquent, il convient de différencier aussi clairement que possible l'obéissance de la soumission. L'obéissance est l'expression d'une reconnaissance d'autorité fondée sur la relation de confiance développée au cours des premières années : la caractéristique de cette relation d'autorité est, précisément, de tolérer l'acte de désobéissance. L'individu contemporain ne peut s'approprier le sens de sa vie qu'en expérimentant progressivement sa capacité d'autonomie, c'est-à-dire sa capacité à décider par soi-même : la désobéissance est la marque de cette capacité. Bien évidemment, les parents ne doivent jamais encourager leur(s) enfant(s) à désobéir. Ce serait une injonction paradoxale : « Je t'ordonne de désobéir ! » Mais, en revanche, ils doivent savoir que la désobéissance est un acte humain qui adviendra nécessairement, il faut l'espérer, dans le cours d'une éducation « réussie ». L'âge de raison ou ce qu'on appelle la période de latence correspond à cet âge où l'enfant aura envie, à un moment ou à un autre, d'aller explorer l'autre côté de l'interdit, ce territoire inquiétant, mais fascinant, qui ouvre aux tourments de la responsabilité.

Peut-on éviter totalement l'usage de la soumission ?

Dans ce chapitre, en proposant des « conseils », nous avons pris un risque : celui précisément d'apparaître autoritaire, d'user de la persuasion et non pas de laisser les parents découvrir la subtilité mais aussi la richesse de cette relation d'autorité avec leurs enfants. Il est vrai que nous avons donné quelques exemples mais, du moins nous l'espérons, il ne s'agit pas de recettes ! Ce sont des modèles possibles destinés à mieux comprendre la complexité profonde de l'autorité. On peut en trouver d'autres mais chaque parent, chaque éducateur au contact d'un enfant ne peut plus faire l'économie d'une réflexion sur le principe d'autorité et son corollaire l'obéissance.

Cependant, une question lancinante se pose : est-il possible d'élever des enfants sans jamais recourir à la soumission, sans jamais user de la force ni de la séduction ? Redoutable question qui met en balance la théorie et la pratique. Quel parent n'a pas au moins une fois levé la main et menacé son enfant d'un geste, quel parent ne l'a pas un jour saisi par le bras en le contraignant physiquement (à s'asseoir, à s'arrêter de courir ou de sauter : « Ça suffit maintenant ! »), quel parent n'a pas utilisé parfois une voix câline pour lui dire : « Fais-moi plaisir, fais… ceci ou cela » ? Quel parent, inquiet face à une imprudence de l'enfant, n'a pas réagi vigoureusement, autant d'ailleurs par rapport à sa propre angoisse que par rapport à la « bêtise » en question ? On l'a assez répété : l'autorité n'est pas une relation naturelle ! On peut même affirmer que c'est tout le contraire : la relation d'autorité est une relation complexe, enracinée dans la culture, une relation qui implique une capacité de retenue, de réflexion, de temporisation, une relation qui ne va pas de soi mais qui s'apprend progressivement. Les parents ne sont pas toujours et en toutes occasions des personnes exemplaires, des modèles de perfection : il leur arrive de faillir et de se laisser aller à l'acte irréfléchi, à la réponse « naturelle », plus ou moins impulsive et spontanée. Si ce recours à la soumission reste suffisamment rare, alors ces quelques défaillances dans la fonction d'autorité du parent ne seront pas délétères. Elles auront peut-être même l'intérêt paradoxal de montrer à l'enfant que le parent n'est pas toujours une personne parfaite, une personne tellement idéale qu'elle en serait inaccessible. Ces « petites défaillances » dans la fonction parentale peuvent, au contraire, montrer la limite propre à chaque personne, les parents comme les autres.

Enfin, quand le souci principal du parent est de protéger physiquement l'enfant, la contrainte physique peut devenir le recours nécessaire, en l'absence duquel il serait en danger : l'excès de dogmatisme peut aussi être néfaste et s'abstenir de maintenir un enfant qui serait en danger, au seul motif que la maîtrise physique conduit à la soumission, peut aussi masquer une forme subtile de sadisme et de « douce violence » à son égard !

Certains enfants soit se mettent systématiquement en danger, soit bravent à répétition les interdits. Ce genre de comportement peut être le signe d'une recherche de limite, on l'a vu. Mais ce besoin irrépressible de « faire des bêtises » provient souvent aussi de l'existence chez l'enfant d'un sentiment de culpabilité du fait qu'il croit être méchant. Les parents le ressentent parfois confusément quand ils disent : « on a l'impression qu'il a besoin d'être puni... », « tant qu'il n'a pas eu *sa* fessée, il continue... »

Cela provient souvent chez lui d'émotions ambivalentes à l'égard d'un proche. Notamment lors de la naissance d'un(e) puîné(e) : à l'image de ses parents, il se réjouit et l'« aime ». Mais il éprouve aussi confusément de la colère, des désirs d'agression, l'envie de le supprimer, des sentiments (normaux) qu'il comprend comme la marque de sa méchanceté, du fait qu'il est mauvais : faire une bêtise le confirme dans cette idée, et la réponse des adultes par la punition authentifie cette conviction. Il y a là un piège éducatif redoutable.

Parfois aussi, cela vient des dires ou des comportements de l'entourage. Quand l'enfant est systématiquement dévalorisé, traité de « méchant », de « vilain », et à tout propos puni et sanctionné, voire victime de sévices... Pour préserver une bonne image de ses parents, il finit par être convaincu qu'il est vraiment méchant et doit être puni. D'où le besoin compulsionnel de faire des bêtises et d'être sanctionné. Ce cercle vicieux, véritable culpabilité névrotique, était d'ailleurs à l'origine des premières indications de psychothérapies psychanalytiques. Devant un tel comportement, la prudence est de mise pour éviter de laisser l'enfant s'enferrer dans un cercle vicieux et l'aider autant que possible à se dégager de cette compulsion punitive. Il faut certes protéger l'enfant de lui-même (sans hésiter à le contraindre s'il veut se faire du mal) mais aussi envisager un suivi psychologique.

Ainsi, du côté du parent, ces « ratés » dans l'exercice de l'autorité sont là pour rappeler la difficulté de la tâche éducative et la nécessité de trouver une stratégie pour éviter leur répétition. Car fondamentalement, éduquer un enfant, c'est parvenir à ce qu'il obéisse sans le contraindre à se soumettre : l'obéissance élève, la soumission rabaisse.

CONCLUSION

La liberté d'obéir

L'obéissance a mauvaise presse : en parler relève d'un conservatisme suspect, d'un archaïsme certain. L'obéissance n'est pas une valeur sociale communément partagée, ce serait même tout le contraire ! Dans les sociétés démocratiques où dominent les valeurs de la liberté et de l'égalité, l'obéissance semble précisément relever d'une entrave à la liberté et introduire un rapport d'inégalité, si ce n'est d'injustice potentielle, chez celui qui doit obéir. L'individu peut-il prétendre être libre lorsqu'il obéit ? Il faut en convenir, on n'obéit jamais librement car, précisément, le fait d'obéir résulte d'un lien à un autre, lien qui souvent est inscrit dans le cadre d'une relation de dépendance ! Mais si l'obéissance apparaît effectivement comme une conduite liberticide, l'individu peut-il accéder à la liberté d'obéir ? Volontiers inscrite dans le rapport au religieux, l'obéissance n'aurait pas sa place dans une société laïcisée si ce n'est désenchantée, une société dans laquelle l'obéissance à la parole divine a perdu toute signification collectivement partagée. Chacun dispose de la liberté de croire et, par conséquent, de choisir celui auquel il accepte d'obéir dans la sphère privée de sa croyance religieuse, mais ce même individu démocratique défend bec et ongles sa liberté de désobéissance dans la sphère publique de sa citoyenneté. Comment alors élever des enfants et leur demander d'obéir dans une société qui répudie profondément cette exigence ? Les valeurs de l'éducation peuvent-elles prendre le contre-pied des valeurs de la société dans laquelle doivent vivre ces enfants, futurs adultes ? Immense problème auquel tous les parents sans exception doivent se confronter. On nous accordera qu'il est quasiment impossible d'élever un enfant, de la naissance jusqu'à la fin de l'adolescence, sans qu'à aucun moment la question de l'obéissance ne soit soulevée ! La demande d'obéissance fait partie des enjeux de l'éducation. Pourtant, comparé à la multiplicité des débats, des essais et des ouvrages savants sur l'autorité, le silence sur la question de l'obéissance apparaît assez assourdissant !

D'un côté donc, la nécessité de l'obéissance semble irréfutable dans le champ de l'éducation ; de l'autre, cette même obéissance apparaît comme une valeur sociale négative, liberticide, injuste et inégalitaire. La solution serait-elle d'isoler l'éducation du champ social en la sanctuarisant, en en faisant un domaine à part, avec des valeurs différentes de celles qui ont cours dans la société des adultes, en la préservant en quelque sorte de toute contamination « démocratique » ? Y aurait-il une « grande autorité », celle qu'on rencontre dans la société civile, et une « petite autorité », celle qu'on observe dans l'éducation, seul domaine d'application de l'obéissance ? Depuis Aristote, l'image du parent a servi de modèle pour expliquer la notion de pouvoir et d'autorité puis en rendre compte dans la société. Mais, avec l'arrivée de la démocratie contemporaine, ce modèle se trouve en complète contradiction avec les valeurs de ces sociétés, posant ainsi d'insolubles problèmes théoriques. Faut-il couper radicalement l'autorité de ses sources pour la libérer de tout lien avec l'épineuse question de l'obéissance-soumission ? Mais cette rupture prive la distinction entre pouvoir et autorité d'un élément de compréhension essentiel. Pour sortir de ce dilemme, il convient de revisiter le modèle éducatif. Deux convictions nous ont animé tout au long de cet ouvrage : 1) on ne peut pas élever des enfants en utilisant des méthodes dont la valeur sociale est à la fois obsolète et disqualifiée ; 2) ce qui fait l'humanité d'un être humain trouve nécessairement sa source dans l'enfance. Dit autrement, ce dont un enfant a besoin dans son éducation pour se développer ne peut pas représenter un poison potentiel pour la vie en société des adultes. Ce double postulat nous a fait réinterroger le couple autorité-obéissance non pas, comme cela est constamment le cas, à partir de la figure haute, celui qui exerce l'autorité et exige l'obéissance, mais depuis la figure basse, celui qui sollicite l'autorité et qui obéit. Cette rotation dans l'angle de visée apporte bien des surprises !

Celle-ci en particulier : le rapport parent-enfant peut-il être considéré comme de nature hiérarchique ? Tout dans le développement d'un enfant depuis son plus jeune âge et dans la réponse des parents aux besoins de cet enfant nous conduit à affirmer que ce point de vue est faux, parce qu'il repose sur une confusion entre hiérarchie et asymétrie, confusion entretenue lorsqu'on part systématiquement de la position du parent. Le rapport parent-enfant est fondamentalement asymétrique dans sa structure. C'est en creusant les effets de cette asymétrie qu'on peut mieux comprendre les notions d'autorité et d'obéissance, à condition de ne pas aussitôt y mettre le couvercle de la hiérarchie. Hannah Arendt nous a durablement induits en erreur lorsqu'elle a fondé le principe d'autorité sur celle-ci. Si le pouvoir est inscrit dans une relation de hiérarchie, l'autorité, quant à elle, est inscrite dans une relation marquée par l'asymétrie. La demande (de l'un adressée à l'autre) caractérise la relation d'asymétrie, là où l'emprise (de l'un exercée sur l'autre) caractérise la relation de pouvoir. D'où provient cette demande ? D'un préalable indispensable au déploiement de la relation d'autorité : un lien de confiance. Ce lien de confiance trouve son origine dans le constat répété que celui qui « en » est pourvu n'abuse pas de cet état pour dominer celui qui « en » est dépourvu. Grâce à cette qualité relationnelle nouvelle, les êtres humains peuvent se dégager du seul rapport de pouvoir-domination conduisant à la hiérarchie dominant-dominé. Deux asymétries, différentes de nature, structurent les relations humaines : l'asymétrie enfant-adulte, l'asymétrie homme-femme. Dans ces deux asymétries la relation de pouvoir est venue occulter ce que la relation d'autorité peut avoir de spécifique.

Cette rotation dans l'angle de vue qui nous fait aborder l'autorité non pas depuis celui qui l'exerce mais depuis celui qui en éprouve les effets, impose de creuser l'écart entre l'obéissance et la soumission. Non seulement l'obéissance attente à la notion de liberté mais, en outre, elle est souvent confondue avec la soumission comme on pourrait le croire à la lecture de plusieurs ouvrages sur l'autorité[1].

---

1. À titre d'exemple, cette citation de M. Gauchet : « Cette pathologie de l'articulation entre liberté et autorité qui a pour nom soumission. Elle n'a rien à voir avec une pure passivité. Elle est à

Conclusion

Cette confusion fonctionne comme un repoussoir qui participe à la disqualification plus ou moins implicite de l'autorité, renforçant en arrière-plan la confusion toujours présente entre autorité et pouvoir. Pour sortir de ce cercle vicieux, il faut parvenir à bien différencier l'obéissance de la soumission pour ensuite mieux distinguer autorité et pouvoir. *Obœdire*, prêter l'oreille, l'étymologie nous rappelle qu'il n'y a pas d'obéissance sans parole ! La relation autorité-obéissance implique le langage, nécessite une demande suivie d'une réponse. Elle est toujours précédée par un appel de l'un, puis suivie d'une réponse de l'autre, sollicitation réciproque qui anticipe l'interaction elle-même. En cela le couple autorité-obéissance diffère profondément du couple pouvoir-soumission. Ce dernier s'inscrit dans un registre strictement comportemental et s'exprime par des attitudes de domination d'un côté, de soumission de l'autre. Fondamentalement, nul échange dans le rapport pouvoir-soumission : l'un veut prendre, l'autre veut garder. Le conflit se règle par les arguments de la force le plus souvent, de la séduction parfois. La relation fondée sur le couple domination-soumission résulte d'une

---

l'opposé le choix de se plier à une autorité qui choisit pour vous... La figure pure de la soumission, c'est le disciple ou l'adepte, pas le soldat », M. C. Blais, M. Gauchet et D. Ottavi, *op. cit.*, p. 154. Si pour le disciple ou l'adepte, on utilise le modèle de la soumission, où alors placer celui de l'obéissance ? À quoi l'obéissance peut-elle bien renvoyer dans ce cas et comment la caractériser ? Est-ce parce que le terme « obéissance » semble fortement connoté de signification religieuse qu'il faut lui préférer celui de « soumission » en apparence plus laïcisé ?

action de l'un sans demande préalable de l'autre. Structurellement, la relation autorité-obéissance est une anticipation, tournée vers le futur, alors que la relation pouvoir-soumission est une rétroaction, fondée sur les positions acquises dans le passé[1]. De plus, en « prêtant l'oreille », celui qui va obéir fait preuve par anticipation d'un minimum d'activité contrairement à celui qui se soumet, réponse passive au comportement de domination. Pour comprendre l'obéissance, il est essentiel de découvrir cette part active nécessairement présente dans l'obéissance et qui la distingue de la soumission.

A priori, il semble paradoxal de parler d'activité chez le sujet qui obéit. La conduite d'obéissance est plus immédiatement assimilée à une attitude passive qu'à un comportement actif ! Cependant, quand on examine attentivement le comportement d'un jeune enfant, à partir d'exemples pris dans la quotidienneté de son éducation, telle cette séquence que nous avons appelée « le couteau », nous avons montré que, précisément, la demande d'obéissance de la part du parent préserve chez l'enfant sa capacité d'autonomie, là où l'exigence de soumission le maintient

---

1. Certes, sachant sa condition, le dominé peut s'approcher du dominant en adoptant par anticipation une posture de soumission : cela lui épargnera une réponse agressive. Mais le dominé ne reçoit rien du dominant, ni explication ni « augmentation ». Au contraire, la relation autorité-obéissance consiste à formuler une demande suivie d'une réponse : un des pivots de l'éducation consiste à apprendre à l'enfant *à demander avant de prendre*, le parent offrant ensuite la chose demandée, récompense qui « augmente » l'enfant. S'il prend sans demander, cela risque de conduire à un rapport de pouvoir dont le risque est qu'il se conclut par un acte plus ou moins violent.

Conclusion

dans la passivité. Mais pour que cette dimension d'activité autonome dans l'obéissance se révèle, il y faut une condition essentielle : une attitude d'abstinence de celui qui « fait autorité ». La position d'autorité implique comme préalable une attitude de retenue et d'abstinence : l'action est en suspens ! L'origine de l'autorité se trouve dans ce temps où l'action est suspendue au profit de la parole et chez l'*infans,* c'est-à-dire celui qui ne parle pas, au profit du regard et de l'écoute, cette communication les yeux dans les yeux au cours de laquelle le jeune enfant tend l'oreille et cherche à comprendre l'intention de l'adulte. C'est cette position d'abstinence qui transforme le pouvoir en autorité. Le pouvoir est dans l'action, l'autorité est dans la suspension de l'acte au profit de la parole. Quand celui qui a le pouvoir s'abstient d'agir, ce temps d'abstinence offre à celui qui devait se soumettre la liberté d'obéir. L'opération alchimique si mystérieuse qui sublime le pouvoir en autorité provient de ce temps de suspension au cours duquel le pouvoir pose ses armes et l'autorité prend la parole. Il ressort de cela que l'exercice de l'autorité est particulièrement complexe et n'a rien de naturel. Ce qui est naturel, c'est le pouvoir du dominant qui, par la force de son action, contraint le dominé à se soumettre. En revanche, l'autorité et l'obéissance sont des faits de culture qui nécessitent l'apprentissage et imposent la frustration. On répète complaisamment que l'éducation d'un enfant nécessite de le confronter à la frustration, ce qui est vrai. Mais on oublie constamment que l'exercice de l'autorité par un adulte en direction d'un enfant lui impose de se frustrer du pouvoir de soumettre un plus faible que lui, frustration extrêmement douloureuse à celui qui se l'impose car elle donne l'impression d'une amputation d'une partie de soi ! L'obéissance procède donc d'un long apprentissage du temps de l'enfance, apprentissage dans lequel l'adulte puisera ultérieurement la force de se frustrer de son pouvoir pour retrouver les conditions de l'autorité. C'est ce qui fait couramment dire d'un adulte « qu'il a *naturellement* de l'autorité », ce qui est à la fois vrai et faux. Vrai en ce sens que l'exercice de l'autorité semble être dans la nature de cet adulte par rapport à tel autre qui en semble totalement dépourvu. Faux dans la mesure où cette autorité ne provient pas de son patrimoine génétique mais des conditions de son éducation et donc d'un apport culturel.

Accorder un temps en suspens à celui qui doit obéir préserve son sentiment d'autonomie. Il agira *de son fait* et non pas contraint par la menace. Certes, à partir du moment où il s'engage dans la conduite d'obéissance, celui qui obéit le fait toujours en réponse à la demande d'un autre. En ce sens on pourrait effectivement dire qu'à cet instant il n'est pas libre mais inscrit dans un lien. Toutefois, pendant ce temps en suspension, le sujet a la liberté de s'engager ou non dans cette conduite d'obéissance : il peut obéir ou refuser d'obéir. En ce sens la demande d'obéissance s'adresse à un sujet auquel on accorde la capacité de choisir, fondement du sentiment de légitimité. Dans la soumission, aucun choix n'est offert. Avoir ce choix donne à l'enfant une possibilité nouvelle, celle d'obéir ou de désobéir ! En grandissant, l'enfant, l'adolescent, l'adulte fera la découverte progressive qu'il peut obéir et parfois désobéir : l'éducation consiste à conduire un être humain jusqu'à ce point paradoxal où il peut se sentir libre d'obéir ou de désobéir. Dans ces conditions, ne vaudrait-il pas mieux maintenir un état de soumission ? C'est méconnaître ce fait important : la désobéissance vise un espace tiers, un objet ou une conduite interdite. La désobéissance n'est pas un acte de menace directe envers celui qui a exercé l'autorité. L'exigence de soumission ne laisse au contraire d'autre possibilité que celle de la révolte. Et la révolte vise directement celui qui exerce le pouvoir. C'est pourquoi le tyran est toujours habité par la peur et doit constamment renforcer sa tyrannie : le couple pouvoir-soumission est un couple instable qui finit toujours dans la violence destructrice. Fondamentalement, dans le pur pouvoir, celui du dominant, du despote ou du tyran, il n'y a pas d'altérité.

Celui qui disserte sur l'autorité a souvent la tête dans les étoiles ; celui qui parle d'obéissance a habituellement les mains dans le cambouis. Bien que l'obéissance apparaisse comme la réponse nécessaire à l'exercice de l'autorité, le silence social sur la question de l'obéissance est à la hauteur du bruit médiatique autour de l'autorité. Véritable évitement, ce silence doit être compris comme l'expression d'un symptôme sociétal : chaque individu en appelle à l'autorité mais personne ne désire obéir ! Ce paradoxe parcourt cet ouvrage. Un consensus se dégage pour différencier pouvoir et autorité, mais, en revanche, l'obéissance reste volontiers confondue avec la soumission, confusion qui contraint la majorité des penseurs à séparer fermement les valeurs propres à la société des adultes de celles qui auraient cours dans l'éducation des enfants. Réfutant cette sanctuarisation du domaine de l'enfance et cette dévalorisation implicite des valeurs de l'éducation, l'ambition de cet ouvrage a été de porter un regard décalé sur l'obéissance comme sur l'autorité : l'obéissance et l'autorité sont examinées *du point de vue de l'enfant,* ou de façon plus générale du point de vue de celui auquel l'autorité s'adresse et non pas du point de vue de celui qui l'exerce. Cette rotation dans l'angle de vue éclaire d'un jour radicalement nouveau les rapports obéissance-soumission et autorité-pouvoir. Il reste à se demander pourquoi le pouvoir cherche constamment à se faire appeler autorité. Car il faut enfin en convenir, dans la société, y compris dans nos sociétés contemporaines dites démocratiques, le pouvoir reste d'actualité et est *peut-être* indispensable à la marche du monde. Nombre de débats sur l'autorité ne sont que des tentatives plus ou moins heureuses pour donner au pouvoir la respectabilité qui lui manque naturellement. Pourquoi le pouvoir cherche-t-il à se cacher derrière les habits vertueux de l'autorité ? Tout au long de cet ouvrage, nous l'avons laissé transparaître : dans l'exercice du pouvoir, par la force comme par la séduction, il y a une incontestable jouissance, jouissance à assujettir l'autre, à en faire un objet de satisfaction pulsionnelle. La pulsion ne connaît pas l'altérité, elle n'agit qu'à son profit. Alors que le pouvoir est source de jouissance, l'autorité impose la frustration. Pour masquer cette jouissance, celui qui jouit du pouvoir voudrait obtenir en prime de celui qui le subit une reconnaissance d'autorité comme garantie de sa bonté ou de sa légitimité ! C'est pourquoi on ne peut pas comprendre l'autorité par le haut : la demande d'autorité est toujours suspecte. Pour comprendre l'autorité, il faut la regarder du point de vue de celui qui non pas se soumet mais obéit, et qui par là même augmente l'autre d'une reconnaissance d'autorité.

Table

DU MÊME AUTEUR

C'est donc ça, l'adolescence !, Bayard, 2009.

C'est en disant non qu'on s'affirme (avec P. Leroy), Hachette, coll. « Ça reste à prouver », 2007.

Qu'est-ce que ça sent dans ta chambre ? Votre ado fume-t-il du hasch ? (avec C. Baudry), Albin Michel, 2006.

Les yeux dans les yeux. L'énigme du regard, Albin Michel, 2006.

L'Enfant, chef de la famille. L'autorité de l'infantile, Albin Michel, 2003.

Tracas d'ados, soucis de parents (avec G. de La Borie), Albin Michel, 2002.

Dépression et tentatives de suicide à l'adolescence (avec E. Berthaut), Masson, 2001.

La Surprise, chatouille de l'âme, Albin Michel, 2000.

Dictionnaire de psychopathologie de l'enfant et de l'adolescent (codir. avec D. Houzel), PUF, 2000.

Médecine de l'adolescent (avec P. Alvin), Masson, 2005, 2ᵉ éd.

Adolescence et psychopathologie (avec A. Braconnier), Masson, 2008, 7ᵉ éd.

Enfance et psychopathologie, Masson, 2009, 8ᵉ éd.

La Santé des adolescents (avec P. Alvin, P.-A. Michaud, J.-Y. Frappier, J.-P. Deschamps, A. Tursz), Doin, 1997.

Position autistique et naissance de la psyché, PUF, 1986.

Les États limites en psychiatrie, PUF, 1994, 3ᵉ éd..

Comment leur dire : l'enfant face au couple en crise, Hachette, 1979.

POUR LES ADOLESCENTS :

Ados, galères, complexes et prises de tête (avec G. de La Borie), Albin Michel, 2005.

Roland Gori et Pierre Le Coz
*L'empire des coachs. Une nouvelle forme
de contrôle social*

Jean-Michel Hirt
L'insolence de l'amour. Fictions de la vie sexuelle

Sylviane Giampino et Catherine Vidal
Nos enfants sous haute surveillance

Ouvrages collectifs dir. par Patrice Huerre et François Marty
Cannabis et adolescence. Les liaisons dangereuses

Alcool et adolescence. Jeunes en quête d'ivresse

Jean-Marie Jadin
Côté divan, côté fauteuil. Le psychanalyste à l'œuvre

Pr Daniel Marcelli
La Surprise, chatouille de l'âme

L'enfant, chef de la famille

Les yeux dans les yeux, l'énigme du regard

Anne Marcovich
Qui aura la garde des enfants ?

Dr Xavier Pommereau
Jean-Philippe de Tonnac
Le mystère de l'anorexie

Serge Tisseron
Comment Hitchcock m'a guéri :
que cherchons-nous dans les images ?

Vérité et mensonges de nos émotions

Virtuel, mon amour : penser, aimer, souffrir
à l'ère des nouvelles technologies

Composition : Nord Compo
Impression : Imprimerie Floch, décembre 2009
Éditions Albin Michel
22, rue Huyghens, 75014 Paris
www.albin-michel.fr
ISBN 978-2-226-19300-1
N° d'édition : 18652/03 – N° d'impression : 75482
Dépôt légal : septembre 2009
Imprimé en France.